Selezione Artusi

I Secondi Piatti

ieri oggi domani

GiroGusto

Copyright © 2021 GiroGusto

All rights reserved.

ISBN: 9798740730011 (Amazon)
ISBN: 9781646736966 (SDM)

Selezione ARTUSI – I Secondi Piatti

Umidi 1

    Stracotto di vitella 1

    Stracotto alla bizzarra 2

    Fricandò 2

    Fricassea 3

    Cibreo 4

    Pollo disossato ripieno 4

    Soufflet di pollo 5

    Pollastra in umido col contorno di riso 6

    Braciuola di manzo ripiena in umido 6

    Braciuola di manzo alla sauté 7

    Pollo alla contadina 7

    Pollo colla marsala 7

    Pollo colle salsicce 7

    Pollo in salsa d'uovo 8

    Pollo con la panna 8

    Pollo alla marengo 8

    Petti di pollo alla sauté 9

    Germano ossia anatra selvatica I 9

    Germano in umido II 10

    Anatra domestica 11

    Anatra domestica col contorno di riso 11

    Fegato d'oca 11

    Folaghe in umido 12

    Piccioni in umido 13

    Piccione all'inglese o piccion paio 13

Manicaretto di piccioni 15

Timballo di piccioni 15

Tordi colle olive 16

Tordi finti 17

Storni in istufa 18

Uccelli in salmì 18

Stufato di lepre 18

Cignale dolce-forte 19

Cignale fra due fuochi 20

Costolette di daino alla cacciatora 20

Lingua dolce-forte 20

Lingua di bue al sugo di carne 20

Arnioni saltati 21

Arnioni per colazione 21

Arnioni alla fiorentina 22

Cosciotto o spalla di castrato in cazzaruola I 22

Cosciotto o spalla di castrato in cazzaruola II 23

Lombata di castrato ripiena 24

Bue alla moda 24

Bue alla brace 25

Girello alla brace (garetto) 25

Bue alla california 26

Scannello annegato 26

Scaloppine alla livornese 28

Scaloppine di carne battuta 28

Scaloppine alla genovese 28

Scaloppine con la panna acida 29

Scaloppine di vitella di latte in tortino...29

Bracioline ripiene...30

Bracioline alla bartola 30

Bracioline alla contadina..31

Braciuole nella scamerita...32

Cotolette di vitella di latte in salsa d'uovo..32

Cotolette di vitella di latte coi tartufi alla bolognese 32

Cotolette col prosciutto 33

Polpette 33

Polpettone 34

Polpettone di carne cruda alla fiorentina 34

Quenelles 35

Agnello trippato..36

Agnello coi piselli all'uso di romagna..36

Spalla d'agnello all'ungherese..37

Testicciuola d'agnello 37

Coteghino fasciato..37

Stufatino di muscolo 38

Stufatino di petto di vitella di latte coi finocchi 39

Vitella di latte in guazzetto 39

Petto di vitella di latte ripieno...40

Arrostini di vitella di latte alla salvia 41

Lombo di maiale ripieno 41

Bue garofanato 42

Animelle alla bottiglia 42

Trippa col sugo 43

Trippa legata colle uova 43

Trippa alla côrsa 43

Polpette di trippa 44

Zampa burrata 45

Lingua in umido 46

Fegato di vitella di latte alla militare 46

Braciuole di castrato e filetto di vitella alla finanziera 46

Bracioline ripiene con carciofi 47

Filetto colla marsala 47

Filetto alla parigina 47

Carne alla genovese 48

Sformato di semolino ripieno di carne 48

Sformato di pasta lievita 48

Sformato di riso col sugo guarnito di rigaglie 49

Sformato della signora adele 50

Budino alla genovese 50

Budino di cervelli di maiale 51

Pasticcio di maccheroni 52

Umido incassato 54

Sformato di riso colle rigaglie 55

Umido di rigaglie di pollo col sedano 55

Scaloppine alla bolognese 56

Piccione coi piselli 57

Lesso rifatto 57

Lesso rifatto all'inglese 57

Lesso rifatto all'italiana	58
Osso buco	58
Carne all'imperatrice	58
Rifreddi	60
Lingua alla scarlatta	60
Lingua di vitella di latte in salsa piccante	61
Scaloppe di lingua farsite in bella vista	61
Vitello tonnato	62
Rifreddo di vitella di latte	62
Pollo in salsa tonnata	63
Cappone in galantina	64
Cappone in vescica	66
Tordi disossati in gelatina	66
Àrista	67
Pasticcio freddo di cacciagione	68
Pasticcio di carne	69
Pasticcio di lepre	71
Pane di lepre	73
Pan di fegato	74
Pasticcio di fegato	75
Piatti di pesce	76
Cacciucco I	76
Cacciucco II	77
Pesce al piatto	78
Pesce marinato	78
Pesce lesso	79

Pesce col pangrattato 80

Pesce a taglio in umido 80

Pesce squadro in umido...80

Nasello alla palermitana 81

Rotelle di palombo in salsa 81

Sogliole in gratella 82

Filetti di sogliole col vino..83

Contorno di filetti di sogliole a un fritto dello stesso pesce 83

Triglie col prosciutto 84

Triglie in gratella alla marinara...84

Triglie di scoglio in gratella...84

Triglie alla livornese 85

Triglie alla viareggina 86

Tonno fresco 86

Tonno in gratella 86

Tonno sott'olio in salsa alla bolognese 86

Arigusta..87

Cotolette di arigusta 88

Conchiglie ripiene 88

Storione..89

Storione in fricandò 90

Acciughe alla marinara 90

Acciughe fritte 90

Sarde ripiene 91

Broccioli fritti...91

Totani in gratella...91

Cicale ripiene 92

Cicale fritte 93

Cicale in umido 93

Sparnocchie 93

Anguilla 94

Anguilla arrosto 95

Anguille alla fiorentina 96

Anguilla in umido 96

Anguilla col vino 96

Anguilla in umido all'uso di comacchio 97

Anguilla coi piselli 98

Cefali in gratella 98

Telline o arselle in salsa d'uovo 98

Arselle o telline alla livornese 98

Seppie coi piselli 99

Tinche alla sauté 99

Pasticcio di magro 99

Ranocchi in umido 101

Ranocchi alla fiorentina 101

Aringa ingentilita 102

Baccalà alla fiorentina 102

Baccalà alla bolognese 103

Baccalà dolce-forte 104

Baccalà in gratella 104

Baccalà fritto 104

Cotolette di baccalà 105

- Baccalà in salsa bianca 105
- Stoccafisso in umido 106
- Cieche alla pisana 106
- Cieche fritte I 107
- Cieche fritte II 107
- Tinche in zimino 107
- Luccio in umido 108
- Palombo fritto 108
- Palombo in umido 108

Arrosti 110
- Roast-beef I 111
- Roast-beef II 111
- Sfilettato tartufato 112
- Arrosto di vitella di latte 112
- Petto di vitella di latte in forno 112
- Arrosto morto 113
- Arrosto morto coll'odore dell'aglio e del ramerino 113
- Uccelli arrosto 113
- Arrosto d'agnello all'aretina 115
- Cosciotto di castrato arrosto 115
- Arrosto di lepre I 116
- Arrosto di lepre II 116
- Coniglio arrosto 116
- Arrosto morto lardellato 116
- Piccione a sorpresa 117
- Quagliette 117

Braciuola di manzo ripiena arrosto 118

Costolette di vitella di latte alla milanese..118

Pollo ripieno arrosto 119

Cappone arrosto tartufato 119

Pollo al diavolo 120

Pollo in porchetta 121

Arrosto morto di pollo alla bolognese..121

Pollo alla rudinì..121

Pollo vestito...122

Gallina di faraone 122

Anatra domestica arrosto 123

Oca domestica 123

Tacchino 124

Pavone 125

Maiale arrostito nel latte 126

Pesce di maiale arrosto..126

Agnello all'orientale...126

Piccione in gratella...127

Fegatelli in conserva 127

Bistecca alla fiorentina...127

Bistecca nel tegame...128

Arnioni alla parigina...128

Umidi

Gli umidi, generalmente, sono i piatti che più appetiscono; quindi è bene darsi per essi una cura speciale, onde riescano delicati, di buon gusto e di facile digestione. Sono in mala voce di esser nocivi alla salute; ma io non lo credo. Questa cattiva opinione deriva più che altro da non saperli ben fare; non si pensa, cioè, a digrassarli, si è troppo generosi cogli aromi e coi soffritti e, ciò che è il peggio, se ne abusa.

Nelle grandi cucine, ove il sugo di carne non manca mai, molti umidi si possono tirare con questo insieme col burro; e allora riescono semplici e leggieri; ma quando il sugo manca, ed è necessario ricorrere ai soffritti, bisogna usarli con parsimonia e farli con esattezza tanto nella quantità, che nel grado di cottura.

Stracotto di vitella

Lo stracotto di vitella per condire la minestra di maccheroni o per fare un risotto col sugo, è d'uso comune nelle famiglie della borghesia fiorentina; la cosa non è mal pensata se si considera che esso in tal modo serve a doppio scopo, cioè di minestra e di companatico. Guardatevi però dal dissugar troppo la carne per voler molto sugo e sostituite in tutto o in parte l'olio, come si usa in Toscana, colla carnesecca, che dà un sapore più spiccato e più grato. Eccovi le proporzioni per condire 250 a 300 grammi di maccheroni

> Carne magra di vitella, compreso l'osso o la giunta, grammi 500.
>
> Carnesecca, grammi 50.
>
> Burro, grammi 30.
>
> Un quarto di una cipolla grossa;
>
> una piccola carota;
>
> due pezzi di sedano.

Questi tre ultimi capi tagliateli all'ingrosso e la carnesecca a piccoli dadi.

Mettete al fuoco ogni cosa insieme e condite con sale e pepe. Voltate la carne spesso e quando sarà rosolata, spargete sulla medesima un pizzico di farina, annaffiatela con sugo di pomodoro o conserva e tiratela a cot-tura con acqua versata a poco per volta. La farina serve per legare il sugo e per dargli un po' di colore; ma badate ch'essa non bruci che altrimenti gli comunicherebbe un ingrato sapore e un colore quasi nero che il sugo non deve avere. Passatelo, e se gli darete odore con alcuni pezzetti di funghi secchi, rammolliti prima nell'acqua calda e bolliti un poco nel sugo, non farete che bene.

I maccheroni cotti in acqua salata, scolateli bene, ma prima di servirli teneteli un poco nel sugo vicini al fuoco e conditeli con burro e con parmigiano a scarsa misura, perché questo si può aggiungere in tavola.

Se trattasi di riso, cuocetelo nell'acqua versandola a poco per volta, a mezza cottura aggiungete il sugo e un pezzetto di burro e, prima di le-varlo, un po' di parmigiano.

È bene mandare in tavola il pezzo dello stracotto con un contorno di erbaggi o legumi. Il lucertolo è il taglio migliore. Se vi servite di olio basteranno circa grammi 20 di carnesecca.

STRACOTTO ALLA BIZZARRA

Se avete, puta caso, un pezzo di magro di vitella del peso, senz'osso, di grammi 700 a 800 steccatelo con grammi 100 di lardone i cui lardelli, grossi un dito, avrete prima conditi con sale e pepe, e così anche la car-ne. Legatela onde stia raccolta e ponetela al fuoco mezzo coperta d'ac-qua con due foglie di salvia, una ciocca di ramerino e mezzo spicchio d'aglio; se la carne è molto frolla metteci meno acqua. Quando, nel bollire, sarà rimasta asciutta, fatele prender colore con un cucchiaino di farina; aggiungete un pezzetto di burro, poi bagnatela con un ramaiuolo di brodo e con un dito (di bicchiere) di marsala. Passate il sugo senza spremerlo e versatelo sul pezzo della carne quando lo mandate in tavola.

FRICANDÒ

Prendete un pezzo di vitella di latte tutto unito, levato dalla coscia, e lardellatelo con prosciutto grasso e magro. Legate il pezzo e salatelo poco o meglio punto perché il troppo salato è il peggior difetto delle vivande. Steccate una cipolla con due chiodi di garofani e componete un mazzetto con carota tagliata a strisce, sedano e prezzemolo. Mettete ogni cosa in una cazzaruola con un pezzetto di burro, fate rosolare la carne e tiratela a cottura col brodo.

Quando è cotta gettate via la cipolla e il mazzetto, passate il sugo, di-grassatelo e restringetelo a parte fino a ridurlo una gelatina che unirete al fricandò quando lo mandate in tavola.

Qui è bene avvertire che il brodo (il quale ha tanta parte alla preparazio-ne delle pietanze) può talvolta mancare: perciò alcuni stanno provvisti dell'estratto di carne Liebig che, lì per lì, sciolto nell'acqua, può sostituirlo. Ogni sorta di carne va lardellata per il lungo della fibra, dovendosi scalcare per traverso.

FRICASSEA

La fricassea si può fare di petto o di muscolo di vitella di latte, d'agnello e di pollo. Prendiamo ad esempio il primo, cioè il petto, e questo, in proporzioni all'incirca eguali, serva per le altre qualità di carne indicata.

> Petto di vitella di latte, grammi 500.
>
> Burro, grammi 50.
>
> Farina, grammi 5, ossia una cucchiaiata scarsa.
>
> Acqua calda, non bollente, decilitri 2.
>
> Due rossi d'uovo.
>
> Mezzo limone.
>
> Un mazzetto odoroso.

Spezzettate il petto lasciandolo con tutte le sue ossa. Mettete una cazza-ruola al fuoco colla metà del burro e, quando comincia a liquefarsi, versate la farina mescolando finché questa abbia preso il color nocciuola. Allora cominciate a versare a poco per volta l'acqua e poi il mazzetto che potete comporre di alcune strisce di cipolla e di carota, di fili di prezzemolo, di sedano e di basilico, il tutto legato insieme, escluse le foglie perché queste potrebbero disfarsi e far bruttura alla fricassea, un pregio della quale è di avere un bel colore paglia unito. Quando l'acqua bolle gettate giù la carne e il resto del burro e condite con sale e pepe bianco, il quale è il fiore del pepe comune. Coprite la cazzaruola con un foglio tenuto fermo dal coperchio e fate bollire adagio. A due terzi di cottura levate il mazzetto e, se fosse la stagione dei funghi freschi, la potete rendere più grata con grammi 100 o 150 di questi tagliati a fette sottili; se no, un pizzico di funghi secchi.

Quando siete per mandarla in tavola ritirate la cazzaruola dal fuoco e versateci a poco per volta, mescolando, i rossi d'uovo frullati coll'agro di limone.

Se la fricassea fosse di pollo, tagliatelo a pezzi nelle giunture, escluden-do la testa, il collo e le zampe; pel resto regolatevi nello stesso modo.

La fricassea fatta in questa maniera è un piatto sano e delicato che piace specialmente a chi non ha il gusto viziato a sapori forti e piccanti.

CIBREO

Il cibreo è un intingolo semplice, ma delicato e gentile, opportuno alle signore di stomaco svogliato e ai convalescenti. Prendete fegatini, creste e fagiuoli di pollo; le creste spellatele con acqua bollente, tagliatele in due o tre pezzi e i fegatini in due. Mettete al fuoco, con burro in proporzione, prima le creste, poi i fegatini e per ultimo i fagiuoli e condite con sale e pepe, poi brodo se occorre per tirare queste cose a cottura.

A tenore della quantità, ponete in un pentolino un rosso o due d'uova con un cucchiaino, o mezzo soltanto, di farina, agro di limone e brodo bollente frullando onde l'uovo non impazzisca. Versate questa salsa nelle rigaglie quando saranno cotte, fate bollire alquanto ed aggiungete altro brodo, se fa d'uopo, per renderla più sciolta, e servitelo. Per tre o quattro creste, altrettanti fegatini e sei o sette fagiuoli, porzione sufficiente a una sola persona, bastano un rosso d'uovo, mezzo cucchiaino di farina e mezzo limone.

POLLO DISOSSATO RIPIENO

Per disossare un pollo il modo più semplice è il seguente:

Tagliategli il collo a metà, la punta delle ali e le zampe alla giuntura del-la coscia; poi, senza vuotarlo, apritelo lungo il dorso superficialmente, dalle ali al codrione, e con un coltellino ben tagliente cominciate a levar dall'interno le ossa delle ali scarnendole bene. Dopo, sempre dall'interno, levate quelle delle anche e delle coscie, quindi, radendo via via col coltello le ossa esterne della carcassa, vi riescirà di levarla tutta intera, comprese le interiora. I piccoli ossicini della stizza lasciateli, oppure levatela tutta e levate la forcella del petto.

Fatto questo, rovesciate le coscie e le ali, già spoglie d'ossa, ritirandole all'interno e portate via tutti i tendini che trovate framezzo alla carne.

Ora che il pollo è disossato, se fosse alquanto grosso, formate il composto per riempirlo, con grammi 300 circa di magro di vitella di latte; se piccolo, regolatevi in proporzione. Tritatelo prima, poi pestatelo nel mortaio per ridurlo ben fine, e a questa carne aggiungete una grossa midolla di pane inzuppata nel brodo, un pugno di parmigiano grattato, tre rossi d'uovo, sale, pepe e, se vi piace, odore di noce moscata. Per ultimo mescolate nel composto, grammi 20 di prosciutto grasso e magro, e grammi 20 di lingua salata, tagliati l'uno e l'altra a piccoli dadi; riempito che abbiate il pollo cucitelo, involtatelo stretto in un pannolino e legatelo. Mettetelo a cuocere nell'acqua per un paio d'ore a fuoco lento, poi toglietegli l'involucro e fatelo prender colore prima col burro poi in un sugo tirato nella seguente maniera:

Spezzate tutte le ossa levate dal pollo, il collo e la testa compresi, e con carnesecca a pezzetti, burro, cipolla, sedano e carota mettetele al fuoco in una cazzaruola, condite con sale e pepe, tiratene il sugo con l'acqua in cui ha bollito il pollo, la quale è già divenuta un buon brodo. Prima di mandarlo in tavola, da solo o con un contorno, levategli il filo con cui fu cucito.

SOUFFLET DI POLLO

Questo piatto nutriente, leggero e poco eccitante può venire opportuno se, dopo un pranzo, restano degli avanzi di pollo arrosto (petti ed anche); specialmente poi se nella famiglia si trovasse qualche persona vecchia. o di stomaco delicato e debole.

Polpa di pollo priva della pelle, grammi 80.

Farina, grammi 50.

Burro, grammi 30.

Parmigiano grattato, grammi 20.

Latte, decilitri 2 ½.

Uova, n. 4.

Sale, una presa.

Fate una balsamella col burro, la farina e il latte, dopo cotta e non più a bollore, uniteci il parmigiano, il sale, i rossi d'uovo e il pollo tritato fine con la lunetta. Poi montate ben sode le chiare, aggiungete in bel modo al composto anche queste per versarlo in un vassoio che regga al fuoco, rosolatelo leggermente al forno da campagna e servitelo caldo, benché sia buono anche diaccio.

POLLASTRA IN UMIDO COL CONTORNO DI RISO

>Una pollastra del peso, vuota, di circa grammi 700.
>
>Riso, grammi 300.
>
>Burro, grammi 100.
>
>Prosciutto grasso e magro, grammi 40.
>
>Una cipolla più che di mezzana grandezza.
>
>Un pezzo di carota.
>
>Un pugnello di funghi secchi.

Legate la pollastra per tenerne unite le parti, poi ponete in una cazzaruola grammi 30 del detto burro e il prosciutto tagliato a striscioline; trinciateci sopra la cipolla e la carota, indi collocateci la pollastra dalla parte del petto condendola con sale e pepe. Tenetela coperta e, colorita che sia da ambedue le parti, bagnatela via via con acqua calda fino a cottura completa, lasciandoci il sugo sufficiente per dar sapore al riso, ma il sugo passatelo.

Il riso mettetelo al fuoco così naturale con la metà del burro rimasto, poi tiratelo a cottura con acqua calda e per ultimo col sugo della pollastro. A cottura completa aggiungete il resto del burro e dategli maggior sapore con un buon pugno di parmigiano grattato.

Il fegatino e il ventriglio cuoceteli insieme con la pollastra e tagliati a pezzetti, mescolateli fra il riso. Il risotto così preparato può anche servire per minestra e bastare a tre persone, ma allora servite la pollastra a parte con alquanto del suo sugo e i funghi per contorno.

BRACIUOLA DI MANZO RIPIENA IN UMIDO

La braciuola di manzo ripiena arrosto potete cuocerla anche in umido col burro tirandola a cottura con acqua e sugo di pomodoro e servirla con un contorno qualunque.

BRACIUOLA DI MANZO ALLA SAUTÉ

Quando, per colazione, vi piacesse di sostituire alla bistecca una bra-ciuola di manzo, che cotta in gratella, potrebbe riuscire troppo arida, cucinatela nella seguente maniera, che riesce molto bene. Battetela ben bene con la costola di un coltello e mettetela al fuoco con un pezzetto di burro proporzionato. Conditela con sale e pepe, voltatela spesso onde ròsoli da ambedue le parti e quando avrà ritirato quasi tutto il burro bagnatela per due volte con un gocciolo d'acqua e, cotta che sia, spargetele sopra un pizzico di prezzemolo tritato, tenetela ancora un momento sul fuoco e servitela col suo sugo.

Potete contornarla, piacendovi, con patate fritte

POLLO ALLA CONTADINA

Prendete un pollastro e steccatelo con alcune ciocchette di ramerino e con uno spicchio d'aglio diviso in quattro o cinque pezzi. Mettetelo al fuoco con un battutino di lardone e conditelo con sale e pepe di fuori e di dentro. Quando sarà rosolato da tutte le parti, aggiungete pomodori a pezzi, toltine i semi, e quando questi saranno disfatti, bagnatelo con brodo od acqua. Rosolate a parte nell'olio, nel lardo o nel burro alcune patate crude tagliate a spicchi, fate loro prendere sapore nell'intinto del pollo, e servitele per contorno. Al lardone sostituite il burro, se volete il pollo di gusto più delicato.

POLLO COLLA MARSALA

Tagliate il pollo a grossi pezzi e mettetelo in cazzaruola con un battutino di cipolla tritata fine e un pezzetto di burro. Conditelo con sale e pepe e quando sarà ben rosolato, aggiungete del brodo e tiratelo a cottura. Passate il sugo, digrassatelo se occorre e rimettete il pollo al fuoco con un po' di marsala, levandolo appena abbia ripreso il bollore.

POLLO COLLE SALSICCE

Tritate minutamente mezza cipolla e mettetela in una cazzaruola con un pezzetto di burro e quattro o cinque fettine di prosciutto larghe un dito. Sopra questi ingredienti ponete un pollo intero, conditelo con pepe e poco sale e mettetelo al fuoco. Fatelo prender colore da tutte le parti e quando la cipolla sarà tutta strutta, bagnatelo con brodo o con acqua e aggiungete tre o quattro salsicce intere fatte di fresco; lasciate cuocere a lento fuoco procurando che in ultimo resti dell'umido.

Pollo in salsa d'uovo

Spezzettate un pollastro giovane e mettetelo nella cazzaruola con gram-mi 50 di burro. Conditelo con sale e pepe. Quando avrà soffritto alquanto spargetegli sopra un pizzico di farina per fargli prender colore e poi tiratelo a cottura col brodo. Levatelo asciutto in un vassoio, tenendolo in caldo, e nell'intinto che resta versate un rosso d'uovo, frullato avanti con l'agro di mezzo limone, per formare la salsa. Rimestatela alquanto sopra al fuoco, versatela sul pollo e servitelo.

Pollo con la panna

Infilate allo spiedo un busto di pollo giovane per dargli due terzi di cot-tura arrosto; ungetelo con l'olio, salatelo e fategli prender colore. Poi di-videtelo nelle sue giunture e del petto fatene due pezzi per terminare di cuocerlo nella seguente maniera.

Tritate un quarto di cipolla di media grossezza e mettetela al fuoco con grammi 50 di burro; quando sarà ben rosolata buttateci grammi 10 di farina e dopo, a poco per volta, tre decilitri di panna oppure, se questa manca, altrettanto latte buonissimo. Quando crederete che la farina sia cotta versateci i pezzi del pollo per terminare di cuocerli.

Pollo alla Marengo

La sera della battaglia di Marengo, nel sottosopra di quella giornata non trovandosi i carri della cucina, il cuoco al primo Console e ai Generali improvvisò, con galline rubate, un piatto che manipolato all'incirca come quello che qui vi descrivo, fu chiamato Pollo alla Marengo; e si dice che esso fu poi sempre nelle grazie di Napoleone, se non pel merito suo, ma perché gli rammentava quella gloriosa vittoria.

Prendete un pollo giovane ed escludendone il collo e le zampe, tagliatelo a pezzi grossi nelle giunture. Mettetelo alla sauté con grammi 30 di burro, una cucchiaiata d'olio e conditelo con sale, pepe e una presa di noce moscata. Rosolati che sieno i pezzi da una parte e dall'altra scolate via l'unto e gettate nella sauté una cucchiaiata rasa di farina e un decilitro di vino bianco. Aggiungete brodo per tirare il pollo a cottura, coperto, e a fuoco lento. Prima di levarlo dal fuoco fioritelo con un pizzico di prezzemolo tritato e quando è nel vassoio strizzategli sopra mezzo limone. Riesce una vivanda appetitosa.

PETTI DI POLLO ALLA SAUTÉ

Il miglior modo di cucinare i petti di pollo mi pare che sia il seguente, perché riescono delicati al gusto e fanno tale comparita che un petto di cappone può bastare in un pranzo per quattro o cinque persone. Tagliate i petti a fette sottili quasi come la carta, date loro la miglior forma che sarà possibile e dei minuzzoli che ricavate nel ripulir bene lo sterno, formatene un intero pezzo, unendoli insieme e schiacciandoli. Poi conditeli con sale e pepe e metteteli in infusione nelle uova frullate. Dopo qualche ora passateli nel pangrattato fine e cuoceteli col burro nella sauté o in teglia. Se li aggradite naturali basta l'agro di limone; se poi li volete coi tartufi potete trattarli come le cotolette del n. 312, oppure nella maniera che segue:

Prendete un tegamino di metallo, versate nel medesimo tant'olio che appena ne ricuopra il fondo, distendete un suolo di fettine di tartufi, spargendovi sopra pochissimo parmigiano grattato e una presa di pangrattato. Ripetete la stessa operazione per tre o quattro volte, secondo la quantità, e per ultimo condite con olio, sale, pepe e qualche pezzettino di burro, il tutto a piccole dosi perché non nausei. Mettete il tegame al fuoco e quando avrà alzato il bollore annaffiate con un ramaiolino di sugo di carne o di brodo e un po' d'agro di limone. Ritirate presto dal fuoco questo intingolo e versatelo sopra i petti già rosolati nel modo anzidetto.

Non avendo i tartufi, servitevi di funghi secchi rammolliti tritati all'in-grosso, e se manca l'agro di limone ricorrete al sugo di pomodoro o alla conserva.

GERMANO OSSIA ANATRA SELVATICA I

Quando comperate un germano (Anas boscas) in mercato, apritegli il becco per osservare la lingua. Se la trovate molto risecchita dite pure che l'animale è morto da lunga data e allora annusatelo per accertarvi che non puzzi.

Alcuni suggeriscono di lavare questi uccelli coll'aceto prima di cuocerli, oppure di scottarli nell'acqua per togliere loro il selvatico; ma siccome quel puzzo disgustoso, se troppo forte, risiede principalmente nella glandola urupigiale, io ritengo che basti il recider questa. Essa trovasi all'estremità del codrione, volgarmente chiamato stizza, e racchiude un umore giallastro e vischioso, abbondante negli uccelli acquatici col quale essi spalmansi le penne per renderle impermeabili.

Vuotate il germano serbando il fegatino, il cuore e la cipolla; levategli la testa, e la pelle del collo, dopo averla aperta per estrarne le vertebre, ri-piegatela sul petto dell'animale. A questi uccelli, quando si fanno in u-mido, si addice un contorno di cavolo nero o di lenticchie intere; in ogni modo, si adoperi l'uno o l'altro, preparate un soffritto nella seguente maniera:

Se il germano pesa circa un chilogrammo tritate fine col coltello grammi 30 di prosciutto grasso e magro insieme con tutti gli odori, cioè sedano, prezzemolo, carota e un quarto di una grossa cipolla; mettete ogni cosa insieme con dell'olio in una cazzaruola e sopra al battuto adagiate il germano, condendolo con sale e pepe. Fatelo prender colore da tutte le parti e poi aggiungete acqua per tirarlo a cottura.

Cuocete nell'acqua il contorno di cavolo nero o di lenticchie e, sia l'uno o l'altro, rifatelo nel suddetto intinto: assaggiatelo per aggiungervi, se occorre, un pezzetto di burro, che lo renda più grato e saporito, e unitelo al germano quando lo mandate in tavola. Il cavolo tagliatelo all'ingrosso e conditelo pure con sale e pepe.

GERMANO IN UMIDO II

Mettete il germano nella cazzaruola con grammi 30 di burro e fategli prender colore. Levatelo e gettate nell'unto rimasto un cucchiaio di fari-na per farle prendere, rimuovendola col mestolo, il color marrone. Tolto dal fuoco e non più a bollore, versate su quell'intriso mezzo litro di acqua e rimetteteci il germano; conditelo con sale e pepe e fatelo bollire coperto fino a cottura completa con un quarto di una buccia d'arancio in un sol pezzo, una costola di sedano lunga un palmo e un pezzo di carota, l'uno e l'altra trinciati all'ingrosso. Per ultimo passate il sugo, spezzettate il germano nelle sue giunture, rimettetelo nel suo intinto spremendogli sopra il sugo del ricordato arancio per farlo bollire ancora pochi minuti e servitelo.

Nella stessa guisa si può trattare l'anatra domestica, ma questa essendo molto grassa, sarà bene togliere dallo intinto il soverchio unto prima di mandarla in tavola. Uno dei modi per toglierlo è di versare l'intinto in una scodella e di posarci sopra qualche pezzo di carta straccia sugante la quale ha la proprietà di assorbirlo.

ANATRA DOMESTICA

Preparatela come il germano del n. 270 e mettetela al fuoco con un bat-tuto simile a quello. Quando l'anatra avrà preso colore bagnatela con sugo di pomodoro o conserva e tiratela a cottura con acqua o brodo. Passate il sugo, digrassatelo e rimettetelo al fuoco con l'anatra e un pezzetto di burro. Con questo sugo e parmigiano potete condire una minestra di strisce o di lasagne fatte in casa e l'anatra servirla con un contorno d'erbaggi rifatti in un poco di quel sugo medesimo.

ANATRA DOMESTICA COL CONTORNO DI RISO

Questo mi sembra un buon umido e che meriti una menzione speciale.

Fate un battuto con un quarto di una grossa cipolla e tutti gli odori, cioè prezzemolo, carota e sedano tritato insieme con grammi 50 di prosciutto grasso e magro.

Mettetelo al fuoco con due cucchiaiate d'olio e l'anatra sopra, condita con sale e pepe. Rosolata che sia, bagnatela con sugo di pomodoro, o conserva, e l'acqua occorrente per tirarla a cottura, gettandoci in pari tempo un pizzico di funghi secchi per cuocerli in quell'intinto che poi va passato dallo staccio e digrassato, serbando i funghi per unirli al riso. Questo, nella quantità di grammi 200, mettetelo, così crudo, in una caz-zaruola con grammi 40 di burro e quando accenna a prender colore versate acqua calda a poco per volta, dandogli sapore coll'intinto dell'anatra e parmigiano quando siete per levarlo dal fuoco.

FEGATO D'OCA

Leggete l'articolo Oca domestica n. 548 e vi troverete in ultimo il modo di cucinare il fegato della medesima; ma essendomene capitato un altro, l'ho cucinato diversamente ed essendo, a mio avviso, riuscito migliore del primo ve lo descrivo. Dopo cotto nel modo ivi indicato levatelo asciutto e legatelo con un intriso composto di gr. 20 di burro messo al fuoco con un cucchiaino colmo di farina e, allorché questa avrà preso il color nocciuola, diluitela con un ramaiuolo di brodo e tre cucchiaiate di marsala, versateci il fegato, fatelo di nuovo bollire alquanto e servitelo.

FOLAGHE IN UMIDO

La folaga (Fulica Atra) si potrebbe chiamare uccello pesce, visto che la Chiesa permette di cibarsene ne' giorni magri senza infrangere il precet-to. La sua patria sono i paesi temperati e caldi dell'Europa e dell'Africa settentrionale, e come uccello anche migratorio viaggia di notte. Abita i paduli e i laghi, è nuotatore, nutrendosi di piante acquatiche, d'insetti e di piccoli molluschi. Due sole specie trovansi in Europa. Fuori del tempo della cova le folaghe stanno unite in branchi numerosissimi, il che dà luogo a cacce divertenti e micidiali. È assai cognita quella con barchetti, chiamata la tela, nelle vicinanze di Pisa sul lago di Massaciuccoli, di proprietà del marchese Ginori Lisci, che ha luogo diverse volte nell'autunno inoltrato e nell'inverno. Nella caccia del novembre 1903, alla quale presero parte con cento barche cacciatori di ogni parte d'Italia, furono abbattute circa seimila folaghe; così riferirono i giornali.

La carne della folaga è nera e di poco sapore, e pel selvatico che contie-ne bisogna, in cucina, trattarla così:

Prendiamo, ad esempio (come ho fatto io), quattro folaghe e, dopo averle pelate e strinate alla fiamma per tor via la gran caluggine che hanno, vuotatele e lavatele bene. Dopo trapassatele per la lunghezza del corpo con uno spiedo infuocato, poi tagliatele in quattro parti gettando via la testa, le zampe e le punte delle ali; indi tenetele in infusione nell'aceto per un'ora e dopo lavatele diverse volte nell'acqua fresca. Dei fegatini non me ne sono servito; ma le cipolle, che sono grosse e muscolose come quelle della gallina, dopo averle vuotate, lavate e tagliate in quattro pezzi, le ho messe pure nell'infusione.

Ora, fate un battuto, tritato fine, con una grossa cipolla e tutti gli odori in proporzione, cioè sedano, carota e prezzemolo, e mettetelo al fuoco con grammi 80 di burro, e nello stesso tempo le folaghe e i ventrigli condendole con sale, pepe e odore di spezie. Quando saranno asciutte bagnatele con sugo di pomodoro o conserva sciolta in acqua abbondante per cuocerle e perché vi resti molto intinto. Cotte che sieno, passate il sugo e in questo unite un petto e mezzo di folaga tritato fine e altri grammi 40 di burro, per condire con esso e con parmigiano tre uova di pappardelle o grammi 500 di strisce che, pel loro gusto particolare, saranno lodate. Le folaghe, con alquanto del loro intinto, servitele dopo come piatto di companatico che non saranno da disprezzarsi. Tutta questa roba credo potrà bastare per cinque o sei persone.

Ho inteso dire che si ottiene anche un discreto brodo cuocendole a lesso con due salsicce in corpo.

PICCIONI IN UMIDO

A proposito di piccioni sentite questa che vi do per vera, benché sembri incredibile, e valga come riprova di ciò che vi dicevo sulle bizzarrie dello stomaco.

Una signora prega un uomo, che le capita per caso, di ucciderle un paio di piccioni, ed egli, lei presente, li annega in un catino d'acqua. La signora ne ricevé una tale impressione che d'allora in poi non ha più potuto mangiar la carne di quel volatile.

Guarnite i piccioni con foglie di salvia intere, poneteli in un tegame o in una cazzaruola sopra a fettine di prosciutto grasso e magro e conditeli con olio, sale e pepe. Quando essi avranno preso colore, aggiungete un pezzo di burro e tirateli a cottura con brodo. Prima di ritirarli dal fuoco spremeteci sopra un limone e adoperate il loro sugo per servirli con fette di pane arrostito postevi sotto. Avvertite di salarli pochissimo a motivo del prosciutto e del brodo. Al tempo dell'agresto, potete usare quest'ultimo invece del limone, seguendo il dettato:

Quando Sol est in leone,

Bonum vinum cum popone,

Et agrestum cum pipione.

PICCIONE ALL'INGLESE O PICCION PAIO

Avverto qui una volta per tutte che nella mia cucina non si fa questione di nomi e che io non do importanza ai titoli ampollosi. Se un inglese dicesse che questo piatto, il quale chiamasi anche con lo strano nome di piccion paio, non è cucinato secondo l'usanza della sua nazione, non me ne importa un fico; mi basta che sia giudicato buono, e tutti pari. Prendete:

    Un piccione giovane, ma grosso.

    Vitella di latte magra, gr. 1 00, oppure un petto di pollo.

    Fette sottili di prosciutto grasso e magro, grammi 40.

    Fette di lingua salata, grammi 30.

Burro, grammi 40.

Mezzo bicchiere di brodo buono digrassato.

Un uovo sodo.

Tagliate il piccione a piccoli pezzi nelle sue giunture scartando la testa e le zampe. Tagliate la vitella di latte o il petto di pollo a bracioline e bat-tetele colla costola del coltello. Tagliate il prosciutto e la lingua a strisce larghe un dito. Tagliate l'uovo in otto spicchi.

Prendete un piatto ovale di metallo o di porcellana che regga al fuoco e distendetevi a strati uno sopra all'altro, prima la metà del piccione e della vitella, poi la metà del prosciutto e della lingua, la metà del burro sparso qua e là a pezzettini e la metà, ossia quattro spicchi, dell'uovo; condite con pochissimo sale, pepe e odore di spezie, e ripetete l'operazione col rimanente in modo che tutto l'insieme faccia la colma. Per ultimo annaffiate col brodo suddetto, ma diaccio, che vedrete galleggiare sul primo orlo del piatto e che rimarrà in gran parte dopo la cottura. ora formate una pasta per ricoprirlo, nelle seguenti proporzioni:

Farina, grammi 150.

Burro, grammi 50.

Spirito di vino, un cucchiaino

Zucchero, un cucchiaino.

Agro di limone, uno spicchio.

Un rosso d'uovo.

Sale, quanto basta.

Intridete la farina coi suddetti ingredienti e, se non bastano, aggiungete acqua tiepida per fare una pasta alquanto morbida. Lavoratela molto gettandola con forza contro la spianatoia, lasciatela un poco in riposo e tiratene una sfoglia addoppiandola quattro o cinque volte, riducendola, per ultimo, grossa come uno scudo, col matterello rigato. Con essa coprite il piatto adornandolo, se è possibile, coi ritagli della stessa pasta, indi doratela con rosso d'uovo; cuocete questo pasticcio (che tale si può chiamare) al forno da campagna e servitelo caldo.

A me pare che questo piatto venga meglio ammannito nella seguente maniera per dargli un carattere e un gusto più nazionale. Date prima mezza cottura al piccione e alle altre carni col detto burro, condendole col sale, il pepe e le spezie. Poi disponetele sul vassoio nel modo indicato, non escludendo l'intinto dell'umido e il brodo. Aumentando il condimento potrete unirvi anche rigaglie di pollo, animelle e tartufi.

MANICARETTO DI PICCIONI

Tagliateli a quarti o a pezzi grossi nelle giunture e metteteli al fuoco con una fetta di prosciutto, un pezzetto di burro e un mazzetto guarnito, condendoli con sale e pepe. Quando cominciano ad asciugare bagnateli con brodo e, a mezza cottura, aggiungete le loro rigaglie, delle animelle a pezzi, e funghi freschi tagliati a fette, od anche secchi ma fatti prima rinvenire nell'acqua calda, oppure tartufi; questi però vanno messi a cottura quasi compita. Dopo averli bagnati con del brodo, versateci, se i piccioni son due, mezzo bicchiere di vino bianco che avrete prima fatto scemare di metà al fuoco, in un vaso a parte. Continuate a farli bollire dolcemente, poi aggiungete altro pezzetto di burro intriso nella farina, oppure farina sola, per legarne la salsa, e per ultimo, avanti di mandarli in tavola, levate il prosciutto e il mazzetto, e strizzate sui piccioni un limone. Le animelle scottatele prima e spellatele se sono di bestia grossa.

In questo stesso modo si possono cucinare i pollastri giovani, guarnen-doli di rigaglie invece che di animelle.

TIMBALLO DI PICCIONI

Questa pietanza dicesi timballo, forse dalla forma che si approssima all'istrumento musicale di questo nome.

Fate un battuto con prosciutto, cipolla, sedano e carota, aggiungete un pezzetto di burro e mettetelo al fuoco con un piccione o due, a seconda del numero delle persone che dovranno fargli la festa. Unite ai medesimi le loro rigaglie con altre di pollo, se ne avete. Condite con sale e pepe e, quando i piccioni saranno rosolati, bagnateli con brodo per tirarli a cottura, ma procurate che vi resti del sugo. Passate questo e gettatevi dei maccheroni che avrete già cotti, ma non del tutto, in acqua salata e teneteli presso al fuoco rimovendoli di quando in quando. Fate un poco di balsamella, poi spezzate i piccioni nelle loro giunture, escludendone il collo, la testa, le zampe e le ossa del groppone quando non vi piacesse di disossarli del tutto, il che sarebbe meglio. Le rigaglie tagliatele a pezzi piuttosto grossi e alle cipolle levate il tenerume. Allorché i maccheroni avranno succhiato il sugo, conditeli con parmigiano, pezzettini di burro, dadini o, meglio, fettine di prosciutto grasso e magro, noce moscata, fettine di tartufi o, mancando questi, un pugnello di funghi secchi rammolliti. Unite infine la belsamella e mescolate.

Prendete una cazzaruola di grandezza proporzionata, ungetela tutta con burro diaccio e foderatela di pasta frolla. Versate il composto, copritelo della stessa pasta e cuocetelo al forno; sformatelo caldo e servitelo subi-to.

Con grammi 300 di maccheroni e due piccioni farete un timballo per dieci o dodici persone se non sono forti mangiatori. Volendo potete an-che dargli la forma di pasticcio come quello del n. 349.

TORDI COLLE OLIVE

I tordi e gli altri uccelli minuti in umido si possono fare come i piccioni n. 276; anzi ve li raccomando cucinati in quella maniera che sono buo-nissimi. Le olive indolcite, state cioè in salamoia, si usano mettere intere coi loro nocciolo quando i tordi sono a mezza cottura. Il nocciolo però è meglio levarlo: con un temperino si fa della polpa un nastrino, che, avvolto a spirale sopra sé stesso, par che formi un'oliva intera.

Una volta furono regalati sei tordi a un signore, il quale, avendo in quei giorni la famiglia in campagna, pensò di mangiarseli arrostiti a una trat-toria. Erano belli, freschi e grassi come i beccafichi e però, stando in ti-more non glieli barattassero, li contrassegnò tagliando loro la lingua. I camerieri entrati in sospetto cominciarono ad esaminarli se segno alcuno apparisse e, guarda guarda, aiutati dalla loro scaltrezza, lo ritrovarono. Per non la cedere a furberia, o forse perché con essi quel signore si mostrava soltanto largo in cintura, «gliela vogliamo fare» gridarono ad una voce; e, tagliata la lingua a sei tordi dei più magri che fossero in cucina, gli prepararono quelli, serbando i suoi per gli avventori che più premevano. Venuto l'amico coll'ansietà di fare in quel giorno un ghiotto mangiare e vedutili secchi allampanati, cominciò a stralunare gli occhi e voltandoli e rivoltandoli fra sé diceva: — Io resto! ma che sono proprio i miei tordi questi? — Poi, riscontrato che la lingua mancava, tutto dolente, si dette a credere che avessero operata la metamorfosi lo spiedo e il fuoco.

Agli avventori che capitarono dopo, la prima offerta che in aria di trionfo facevano quei camerieri, era: — Vuol ella oggi un bellissimo tordo? — e qui a raccontar la loro bella prodezza, come fu narrata a me da uno che li aveva mangiati.

TORDI FINTI

Tordi finti perché li rammenta l'odore del ginepro e un poco anche il sapore della composizione. È un piatto che può piacere e farete bene a provarlo.

>Magro di vitella di latte senz'osso per sei tordi, gr. 300.
>
>Coccole di ginepro, n. 6.
>
>Fegatini di pollo, n. 3.
>
>Acciughe salate, n. 3.
>
>Olio, cucchiaiate n. 3.
>
>Lardone, quanto basta.

Questi finti tordi devono aver l'apparenza di bracioline ripiene, quindi della vitella di latte fatene sei fette sottili, spianatele, date loro una bella forma e mettete da parte i ritagli. Questi coi fegatini, un pezzetto di lar-done, le coccole di ginepro, le acciughe nettate, e una foglia di salvia, formeranno il composto per riempirle; e però tritate il tutto finissimo e conditelo con poco sale e pepe. Dopo avere arrocchiate le bracioline con questo composto, fasciatele con una fetta sottile del detto lardone, frapponendo fra questo e la carne mezza foglia di salvia, e legatele in croce. Grammi 60 di lardone in tutto, credo potrà bastare.

Ora che avete preparato le bracioline, ponetele a fuoco vivo in una sauté oppure in una cazzaruola scoperta con le dette tre cucchiaiate d'olio, e conditele ancora leggermente con sale e pepe. Quando saranno rosolate da tutte le parti, scolate l'unto, lasciando però il bruciaticcio in fondo al vaso, e tiratele a cottura col brodo versato a pochino per volta, perché devono rimanere in ultimo quasi asciutte.

Mandatele in tavola slegate, sopra a sei fette di pane appena arrostito e bagnate coll'intinto ristretto rimasto dopo la cottura.

Sono buone anche diacce.

Storni in istufa

Gli storni, essendo uccelli di carne ordinaria e dura, hanno bisogno del seguente trattamento per renderli mangiabili.

Per numero sei storni fate un battuto, tritato fine, con un quarto di una grossa cipolla e grammi 30 di grasso di prosciutto. Mettetelo al fuoco con grammi 20 di burro, tre o quattro striscioline di prosciutto grasso e magro e due coccole di ginepro. Collocateci sopra gli storni senza sven-trarli e, guarniti con foglie di salvia, conditeli con sale e pepe. Quando avranno tirato il sapore del battuto, voltandoli spesso, e che la cipolla sarà ben colorita, bagnateli con un poco di vino bianco asciutto e poi versatecene tanto che fra la prima e la seconda volta sia tre decilitri. Mancandovi il vino bianco supplite con due decilitri d'acqua ed uno di marsala. Coprite la cazzaruola con un foglio di carta a quattro doppi tenuto fermo da un coperchio pesante e fate bollire a fuoco dolce fino a cottura completa. Levateli col loro sugo e serviteli.

Uccelli in salmì

Cuoceteli, non del tutto, arrosto allo spiedo conditi con sale e olio. Dopo levati, se sono uccelli piccoli o tordi, lasciateli interi; se sono grossi tagliateli in quattro parti, e levate loro tutte le teste che pesterete in un mortaio insieme con qualche uccellino pure arrostito o con qualche ritaglio di uccelli grossi. Mettete una cazzarolina al fuoco con un battuto composto di burro, qualche pezzetto di prosciutto, sugo di carne, oppure brodo, madera o marsala nella quantità all'incirca del brodo, uno scalogno trinciato, una coccola o due di ginepro, se sono tordi, o una foglia d'alloro se sono uccelli di altra specie. Condite con sale e pepe e quando questo intingolo avrà bollito mezz'ora passatelo dallo staccio, e collocatevi gli uccelli arrostiti; fateli bollire fino a cottura completa e mandateli in tavola con fettine di pane arrostito sotto.

Stufato di lepre

Vi descriverò più avanti il pasticcio di lepre, e vi dirò anche come questa si cuoce arrosto; aggiungo ora che per farla dolce-forte potete servirvi della ricetta del cignale n. 285, e che si può mettere in istufato nella seguente maniera:

Prendiamo, per esempio, la metà di una lepre, e dopo averla spezzettata tritate fine un battuto con una cipolla di mediocre grandezza, due spicchi d'aglio, un pezzo di sedano lungo un palmo e diverse foglie di ramerino. Mettetelo al fuoco con un pezzetto di burro, due cucchiaiate d'olio e quattro o cinque strisce di prosciutto larghe un dito. Quando avrà soffritto per cinque minuti, gettateci la lepre e conditela con sale, pepe e spezie. Rosolata che sia, bagnatela con mezzo bicchiere di vino bianco o marsala, poi buttateci un pugnello di funghi freschi, o secchi rammolliti, e tiratela a cottura con brodo e sugo di pomodoro o conserva; ma prima di servirla, assaggiatela per aggiungere un altro poco di burro, se occorre.

CIGNALE DOLCE-FORTE

A me pare sia bene che il cignale da fare dolce-forte debba avere la sua cotenna con un dito di grasso, perché il grasso di questo porco selvatico, quando è cotto, resta duro, non nausea ed ha un sapore di callo piacevolissimo.

Supposto che il pezzo sia di un chilogrammo all'incirca, eccovi le pro-porzioni del condimento.

Fate un battuto con mezza cipolla, la metà di una grossa carota, due co-stole di sedano bianco lunghe un palmo, un pizzico di prezzemolo e grammi 30 di prosciutto grasso e magro. Tritatelo fine colla lunetta e ponetelo in una cazzaruola con olio, sale e pepe sotto al cignale per cuocerlo in pari tempo. Quando il pezzo ha preso colore da tutte le parti, scolate buona parte dell'unto, spargetegli sopra un pizzico di farina, e tiratelo a cottura con acqua calda versata di quando in quando. Preparate intanto il dolce-forte in un bicchiere coi seguenti ingredienti e gettatelo nella cazzaruola; ma prima passate il sugo.

>Uva passolina, grammi 40.

>Cioccolata, grammi 30.

>Pinoli, grammi 30.

>Candito a pezzetti, grammi 20.

>Zucchero, grammi 50.

Aceto quanto basta; ma di questo mettetene poco, perché avete tempo di aggiungerlo dopo. Prima di portarlo in tavola fatelo bollire ancora onde il condimento s'incorpori, anzi debbo dirvi che il dolce-forte viene meglio se fatto un giorno per l'altro. Se lo amate più semplice componete il dolce-forte di zucchero e aceto soltanto.

CIGNALE FRA DUE FUOCHI

Tenetelo in una marinata come quella della lepre n. 531 per 12 o 14 ore. Levato da questa, asciugatelo con un canovaccio e poi preparatelo nella seguente maniera. Collocate nel fondo di una cazzaruola tre o quattro fette di lardone sottili come la carta, ponete il pezzo del cignale sopra alle medesime, conditelo con sale e pepe e aggiungete una cipolla intera, un mazzetto guarnito, un pezzetto di burro e, se il cignale fosse un chilogrammo circa, mezzo bicchiere di vino bianco. Distendete sul pezzo della carne altre tre o quattro fette dello stesso lardone e copritelo con un foglio unto col burro, che vi stia aderente. Cuocetelo con fuoco sotto e sopra e quando accenna a prosciugarsi, bagnatelo con brodo. Cotto che sia, passate il sugo senza spremerlo, digrassatelo e unitelo al cignale quando lo mandate in tavola.

COSTOLETTE DI DAINO ALLA CACCIATORA

Le carni del daino, del capriolo e di simili bestie di selvaggina sono ari-de e dure, quindi è necessario che il tempo le frolli per essere meglio gustate.

Servitevi per questo piatto della lombata, da cui taglie rete le costolette tenendole sottili. Mettete al fuoco olio e burro in proporzione della quantità che avrete a cuocere, uno spicchio d'aglio intero e diverse foglie di salvia. Quando l'aglio avrà preso colore collocateci sopra le costolette, conditele con sale e pepe e cuocetele a fuoco ardente, alla svelta, annaffiandole col marsala.

LINGUA DOLCE-FORTE

Prendete una lingua di vitella di latte tutta intera colla sua pappagorgia, perché questa è la parte più delicata; spellatela e lessatela a mezza cottu-ra. Regolatevi del resto come per il cignale del n. 285, servendovi dell'acqua dove ha bollito per finire di cuocerla. Per spellare la lingua arroventate una paletta e ponetegliela sopra ripetendo l'operazione diverse volte, se occorre.

LINGUA DI BUE AL SUGO DI CARNE

Eccovi un'altra maniera di cucinare una lingua di bue del peso, senza la pappagorgia, di oltre un chilogrammo.

Spellatela e steccatela con grammi 60 di lardone tagliato in lardelli conditi con sale e pepe. Legatela perché resti distesa e mettetela al fuoco con grammi 30 di burro; conditela con altro sale e pepe rosolandola alquanto, e poi tiratela a cottura col sugo di carne versato un poco per volta. Cotta che sia, il sugo che resta passatelo e condensatelo al fuoco con un pezzetto di burro e meno di mezza cucchiaiata di farina per unirlo alla lingua, che manderete in tavola tagliata a fette contornata di erbaggi lessati e rifatti col burro ed il sugo.

ARNIONI SALTATI

Prendete una pietra, come la chiamano a Firenze, cioè un arnione o ro-gnone di bestia grossa oppure diversi di bestie piccole, apritelo e digras-satelo tutto perché quel grasso ha un odore sgradevole. Tagliatelo per traverso a fette sottili, ponetelo in un vaso, salatelo e versate sul mede-simo tanta acqua bollente che lo ricopra. Quando l'acqua sarà diacciata levatelo asciutto e mettetelo in padella per farlo ributtar l'acqua che get-terete via. Spargetegli sopra un pizzico di farina, buttateci un pezzetto di burro e rimovendolo spesso fatelo grillettare per soli cinque minuti. Conditelo con sale, pepe e mezzo bicchiere scarso di vino bianco: lasciatelo ancora per poco sul fuoco e quando siete per levarlo aggiungete un altro pezzetto di burro, un pizzico di prezzemolo tritato e un po' di brodo, se occorre.

Per vostra regola gli arnioni tenuti troppo sul fuoco induriscono. Il vino è bene farlo prima bollire a parte finché sia scemato di un terzo; se invece di vino bianco farete uso di marsala o di champagne, tanto meglio.

ARNIONI PER COLAZIONE

Arnioni di vitella di latte, di castrato, di maiale e simili si prestano bene per una colazione cucinati nella seguente maniera. Tenete in pronto un battutino tritato fine, composto di prezzemolo, mezzo spicchio d'aglio, il sugo di mezzo limone e cinque o sei fette di midolla di pane, asciugato al fuoco.

Aprite gli arnioni per digrassarli e tagliateli a fettine sottili per traverso. Dato che siano in tutto del peso di 400 o 500 grammi, gettateli in padella con grammi 50 a 60 di burro a fuoco ardente. Muoveteli spesso e appena cominciano a soffriggere gettateci il battutino; conditeli con sale e pepe e sempre muovendoli col mestolo versateci il sugo del limone e per ultimo un ramaiuolo di brodo.

L'operazione deve farsi in cinque minuti circa e prima di mandarli in ta-vola versateli sulle fette del pane. Basteranno per quattro persone.

Arnioni alla fiorentina

Aprite e digrassate gli arnioni come nella ricetta n. 291 e così spaccati a metà per il lungo, cuoceteli nel modo seguente. Ponete un tegame al fuoco con un pezzo di burro proporzionato e quando accenna a bollire, poneteci l'arnione lasciandovelo un poco, poi ritiratelo dal fuoco e conditelo con sale, pepe e un pizzico di prezzemolo tritato. Involtatelo bene nel condimento e, dopo parecchie ore, cuocetelo nello stesso tegame, oppure in gratella, involtato nel pan grattato.

Cosciotto o spalla di castrato in cazzaruola I

Per associazione d'idee, la parola castrato mi presenta alla memoria quei servitori, i quali, per un'esigenza ridicola de' loro padroni (sono sfoghi di vanità rientrata), si tagliano i baffi e le ledine da sembrare tanti castratoni, e facce da zoccolanti.

Per lo stesso motivo, cioè per la vanità delle loro padrone, sbuffano e mal si prestano le cameriere a portare in capo quelle berrette bianche, chiamate altrimenti cuffie; infatti quando non sono più giovani e non sono belle, con quell'aggeggio in capo sembrano la bertuccia. Le balie, al contrario, gente di campagna, che sente poco la dignità di sé stessa, con quei tanti fiocchi e nastri di vario colore adornate (indegne pompe, di servitù misere insegne), se ne tengono, gonfiando impettite e non s'avvedono che risvegliano l'idea della mucca quando è condotta al mercato.

Entrando in materia, dico che la buona fine di questi due pezzi di carne a me sembra di ottenerla nella seguente maniera. Prendiamo, ad esempio, la spalla e sulla medesima regolatevi nelle debite proporzioni per il cosciotto. Non ho bisogno di dirvi che il castrato deve essere di qualità fine e ben grasso, Supponiamo che la spalla sia del peso di un chilogrammo, benché possa essere anche di chilogrammi 1½. Disossatela, steccatela con lardone, e conditela di dentro e di fuori con sale e pepe, poi arrocchiatela e legatela onde prenda una bella forma; indi mettetela in una cazzaruola con grammi 40 di burro per rosolarla, e dopo aggiungete i seguenti ingredienti:

    Alcune cotenne di lardone o di prosciutto.

    Un mazzetto legato composto di prezzemolo, sedano e carota.

    Una cipolla intera di mezzana grossezza.

Le ossa spezzate che avrete levate dalla spalla o dal cosciotto che sia.

Dei ritagli di carne cruda, se ne avete.

Un bicchiere di brodo o mezzo soltanto.

Due o tre cucchiaiate di acquavite.

Tanta acqua fredda che il liquido arrivi poco sotto alla superficie del ca-strato. Coprite bene la cazzaruola e fatela bollire a fuoco lento finché il pezzo sia cotto, per la qual cosa ci vorranno da quattro e più ore se la bestia è dura. Allora passate il sugo, digrassatelo e gettate via il superfluo, cioè mandate in tavola soltanto il castrato.

Questo piatto si suol guarnire o di carote o di rape o di fagiuoli sgranati; se di carote, mettetene due grosse intere fra la carne e quando saranno cotte levatele e tagliatele a fette rotonde per aggiungerle dopo; se di rape, avvertite che non sappiano di forte per non avere ancora sentito il freddo. Dividetele in quattro parti, imbiancatele, tagliatele a dadi, rosolatele appena nel burro ed unitele al sugo, il quale deve vedersi piuttosto abbondante; se di fagiuoli, cuoceteli prima e rifateli in questo sugo.

COSCIOTTO O SPALLA DI CASTRATO IN CAZZARUOLA II

Questa è una ricetta più semplice e da preferirsi a quella del numero precedente, quando non si richieda contorno alcuno di erbaggi e di legumi.

Prendete una spalla di castrato e dopo averla disossata steccatela con lardelli di lardone involtati nel sale e nel pepe. Salatela alquanto, poi ar-rocchiata e legata stretta, mettetela al fuoco con grammi 40 di burro e una mezza cipolla steccata con un chiodo di garofano e fatele prender colore. Ritirata la cazzaruola dal fuoco, versateci un bicchiere d'acqua, o meglio brodo, una cucchiaiata di acquavite, un mazzetto odoroso e, se è il tempo dei pomodori, alcuni di questi spezzati. Fate bollire adagio per circa tre ore colla cazzaruola tenuta chiusa con doppio foglio di carta, rivoltando spesso il pezzo della carne. Quando sarà cotta, gettate via la cipolla, passate il sugo, digrassatelo ed unitelo alla carne quando la mandate in tavola.

Vi avverto di non cuocerla troppo ché allora non si potrebbe tagliare a fette.

Nella stessa maniera, colle debite proporzioni nel condimento, si può fare il cosciotto. Se vi nausea il puzzo speciale al montone, digrassate la carne anche da cruda.

LOMBATA DI CASTRATO RIPIENA

Prendete un pezzo di lombata di castrato col suo pannicolo attaccato, del peso di un chilogrammo, digrassatela, ma non del tutto, disossatela e conditela con sale e pepe. Formate il composto per riempirla con

>Magro di vitella di latte, grammi 150.

>Prosciutto grasso e magro, grammi 50.

>Parmigiano grattato, grammi 40.

>Un uovo.

>Sale e pepe.

Tritatelo ben fine e, dopo avere spalmata con questo tutta la lombata nell'interno, arrocchiatela tirandole sopra il pannicolo, e cucitela onde non isbuzzi il ripieno. Ora mettetela al fuoco con grammi 50 di burro e quando sarà rosolata bagnatela con un dito (di bicchiere) di marsala, poi gettate nella cazzaruola a crogiolare con lei a fuoco lento, mezza cipolla piuttosto piccola, tagliata in due pezzi, due o tre pezzi di sedano, altrettanti di una carota e dei gambi di prezzemolo, bagnandola con acqua o brodo per tirarla a cottura. Infine passate il sugo e il resto, digrassatelo e servitela. È un piatto che potrà bastare per otto persone e merita di essere raccomandato. Già sapete che per digrassare un sugo basta posargli sopra qualche pezzo di carta straccia sugante.

BUE ALLA MODA

Prendete non meno di un chilogrammo di magro della coscia o del cu-laccio di bestia grossa e steccatelo con lardelli grossi un dito di buon lardone che avrete involtati nel sale e nel pepe. Legate il pezzo della carne perché prenda una bella forma, salatelo a sufficienza e ponetelo in una cazzaruola con grammi 50 di burro per rosolarlo; poi aggiungete gl'ingredienti qui appresso: mezza zampa di vitella di latte, oppure un pezzo di zampa di vitella grossa, una grossa cipolla intera, due o tre carote intere, un mazzetto legato di erbe odorose come prezzemolo, sedano, basilico e simili; alcune cotenne di lardone, un bicchiere ardito d'acqua, o meglio un bicchiere di brodo digrassato, e per ultimo mezzo bicchiere di vino bianco, oppure due cucchiaiate di acquavite. Mettete al fuoco la cazzaruola ben coperta e fate bollire adagio finché la carne sia cotta, ma le carote cuocendosi per le prime, levatele onde restino intere. Gettate via il mazzetto odoroso, poi passate il sugo e digrassatelo se occorre. Servite la carne non troppo cotta unicamente alla zampa e contornate il piatto colle carote tagliate a fette rotonde. Se vi riesce bene, sentirete un umido delicato e leggiero.

Alcuni steccano la cipolla con chiodi di garofano; ma questo aroma non è da consigliarsi che agli stomachi forti. Meglio delle carote giudico il contorno di fagiuoli sgranati cotti rifatti nel sugo del bue.

BUE ALLA BRACE

Sarebbe il boeuf braisé dei Francesi. Procuratevi un bel tocco di carne magra e frolla e, dato che sia del peso di grammi 500 senz'osso, steccatelo con grammi 50 di lardone tagliato a lardelli grossi e lunghi un dito scarso, ma conditeli prima con sale e pepe.

Fate un battuto con un quarto di cipolla di media grandezza, mezza carota e una costola di sedano lunga un palmo. Tritatelo all'ingrosso con la lunetta e mettetelo al fuoco con grammi 30 di burro e sopra al medesimo il pezzo della carne legato e condito con sale e pepe.

Quando il battuto sta per consumarsi, bagnatelo per due volte con un gocciolo d'acqua fredda; consumata che sia e colorita la carne, versate due ramaiuoli di acqua calda, coprite la cazzaruola con foglio doppio di carta e fate bollire adagio finché la carne sia cotta. Allora passate il sugo, digrassatelo e rimettetelo al fuoco con un altro pezzetto di burro per dar maggior grazia alla carne e all'intinto, col quale potrete tirare a sapore un contorno di erbaggi, come sarebbero spinaci, cavoli di Bruxelles, carote, finocchi, quello che più vi piace di questi.

GIRELLO ALLA BRACE (GARETTO)

Volete un piatto di carne della cucina bolognese e dei più semplici che si possano immaginare? Fate il garetto.

Così chiamano a Bologna il girello, che è quel pezzo di carne di manzo, senz'osso, situata quasi alla estremità della coscia, tra il muscolo e lo scannello, che può essere del peso di grammi 700 all'incirca ed è il solo che si presti per quest'uso.

Mettetelo al fuoco senz'altro condimento che sale e pepe; niente acqua e niun altro ingrediente. Chiudete la bocca della cazzaruola con un foglio di carta a diversi doppi, tenuto fermo dal suo coperchio, e lasciatelo cuocere molto lentamente. Vedrete che getta una copiosa quantità di sugo che poi riassorbe a poco a poco; quando lo avrà ritirato tutto levatelo e servitelo. È quasi migliore diaccio che caldo.

Che sia un piatto sano e nutriente, nessuno può dubitarne; ma che, per la sua troppa semplicità, possa piacere a tutti non saprei dirlo.

Bue alla california

Chi studiò questo piatto, non sapendo forse come chiamarlo, gli applicò questo strano titolo; del resto poi, strani o ridicoli sono quasi tutti i termini culinari.

Le seguenti dosi sono quelle da me prescritte in seguito a diverse prove.

Carne magra senz'osso, di vitella o di manzo, nella groppa, nella lombata o nel filetto, grammi 700.

Burro, grammi 50.

Panna, decilitri 2.

Acqua, decilitri 2.

Aceto forte, una cucchiaiata, o più d'una, se è debole.

Mettete la carne al fuoco col detto burro, mezza cipolla tagliata in quat-tro spicchi e una carota a pezzetti; sale e pepe per condimento. Quando la carne sarà ben rosolata versate l'aceto, dopo alquanto l'acqua e indi la panna. Fate bollire adagio circa tre ore, ma se il sugo venisse a scarseg-giare aggiungete un'altra po' d'acqua.

Mandate la carne in tavola tagliata a fette e col suo sugo passato dallo staccio. In un pranzo di vari piatti potrà bastare per cinque o sei persone.

Scannello annegato

Non sapendo come chiamare quest'umido semplice e sano, gli ho dato il titolo di scannello annegato.

Un pezzo di carne di manzo o di vitella, tutto magro e senz'osso, tolto dallo scannello, di circa grammi 800.

Grasso di prosciutto, grammi 80.

Una grossa carota o due mezzane.

Tre o quattro costole di sedano lunghe un palmo.

Mezzo bicchiere di vino bianco asciutto, e mancando questo, due dita di marsala.

Steccate il pezzo della carne col suddetto grasso di prosciutto, tagliato in lardelli involtati nel sale e nel pepe; salatelo e legatelo onde stia unito.

Tagliate a pezzetti la carota e il sedano e metteteli in fondo a una cazza-ruola piuttosto piccola ponendoci sopra il pezzo della carne e copritela d'acqua.

Fate bollire adagio a cazzaruola coperta, e quando avrà ritirato l'acqua passate dallo staccio il sugo e gli erbaggi, che poi rimetterete al fuoco insieme con la carne e col vino. Cotto che sia servitelo affettato con so-pra il suo intinto.

Potrà bastare per sei persone.

Come avrete notato in questa e in molte altre ricette della presente rac-colta, la mia cucina inclina al semplice e al delicato, sfuggendo io quan-to più posso quelle vivande che, troppo complicate e composte di ele-menti eterogenei, recano imbarazzo allo stomaco. Ciò non ostante un mio buon amico, per iscambio, la calunniava. Essendo egli stato colpito da paralisi progressiva, che lo tenne infermo per oltre tre anni, non trovava altro conforto alla sua disgrazia che quello di mangiar bene, e quando ordinava il pranzo alla sua figliuola non mancava di dirle: — Bada di non darmi gl'intrugli dell'Artusi. — Questa signorina, che era la massaia di casa, avendo ricevuta la sua educazione in un collegio svizzero del cantone francese, si era colà provveduta del trattato di cucina di Madame Roubinet; e volgendo a questo tutta la sua simpatia, poco o punto si curava del mio. Gl'intrugli lamentati dal padre erano dunque di questa madama dal rubinetto, la quale, si vede, dava con questo la via, più che non farei io, alle acque torbe della cucina.

SCALOPPINE ALLA LIVORNESE

Perché si chiamino scaloppine non lo so, e non so nemmeno perché sia stato dato loro il battesimo a Livorno. Comunque sia, prendete delle bracioline di carne grossa, battetele bene per renderle tenere e buttatele in padella, con un pezzo di burro. Quando l'avranno ritirato bagnatele con qualche cucchiaiata di brodo per portarle a cottura, conditele con sale e pepe, legatele con un pizzico di farina, date loro l'odore della marsala, e prima di levarle, rendetele più grate con un pizzico di prezzemolo tritato.

SCALOPPINE DI CARNE BATTUTA

Prendete carne magra di bestia grossa, nettatela dai tendini e dalle pelle-tiche e, se non avete il tritacarne, tritatela ben fine prima col coltello poi colla lunetta. Conditela con sale, pepe e parmigiano grattato; aggiungete l'odore delle spezie, piacendovi, ma c'è il caso allora che sappia di piatto rimpolpettato. Mescolate bene e date alla carne la forma di una palla; poi con pangrattato sotto e sopra, onde non s'attacchi, tiratela col matterello sulla spianatoia, rimuovendola spesso per farne una stiacciata sottile poco più di uno scudo. Tagliatela a pezzi quadri e larghi quanto la palma di una mano e cuoceteli in una teglia col burro. Quando le scaloppine avran preso colore, annaffiatele con sugo di pomodoro o conserva diluita nel brodo o nell'acqua e servitele. Potete anche, senza far uso del matterello, stiacciarle colle mani e dar loro, per più eleganza, la forma di un cuore.

Avendo carne stracottata avanzata, è conveniente il farle con questa e con carne cruda mescolate insieme.

SCALOPPINE ALLA GENOVESE

Formate bracioline con carne magra di vitella e, dato che sia grammi 500 senz'osso, tritate un quarto di cipolla di mezzana grandezza e mettetela nel fondo di una cazzaruola con olio e un pezzetto di burro. Distendete sul battuto le bracioline, uno strato sopra l'altro, conditele con sale e pepe e mettetele al fuoco senza toccarle che così attaccandosi insieme non si aggrinzano. Quando avrà preso colore la parte di sotto, versate un cucchiaino di farina e dopo poco un pizzico di prezzemolo e mezzo spicchio d'aglio tritati e due dita scarse,(di bicchiere) di vino bianco buono, o, mancando questo, marsala. Poi distaccate le bracioline l'una dall'altra, mescolate, lasciatele tirar l'umido, indi versate acqua calda e un poco di sugo di pomodoro o conserva. Fatele bollire adagio e non molto per terminare di cuocerle e servitele con intinto abbondante, e con fette di pane arrostito sotto, oppure, se più vi piace, con un contorno di riso cotto nell'acqua, tirato asciutto e condito leggermente con burro, parmigiano e l'intinto medesimo. Anzi, il riso ci sta molto bene e così piacciono a tutti.

SCALOPPINE CON LA PANNA ACIDA

La panna acida è la panna comune, ossia il fior di latte, quando ha preso l'agro, il qual difetto non nuoce anzi migliora il piatto che riesce delicatissimo.

Prendete carne magra di vitella o di vitella di latte, tagliatela a bracioli-ne, battetele, infarinatele e mettetele al fuoco con un pezzo proporzionato di burro. Conditele con sale e pepe e fatele bollire adagio finché abbiano preso colore da ambedue le parti. Allora bagnatele con la detta panna e per ultimo con un poco d'acqua o brodo, se trattasi di vitella di latte, onde la salsa non riesca troppo densa e possano cuocer meglio.

Servitele con spicchi di limone a parte.

Per quattro persone: grammi 500 di magro senz'osso, grammi 70 di burro e due decilitri di panna.

SCALOPPINE DI VITELLA DI LATTE IN TORTINO

Vitella di latte magra senz'osso,

tagliata a scaloppine sottilissime del peso, nette dalle pelletiche, di grammi 300,

lardone a fettine sottili, grammi 70.

Sciogliete al fuoco, in una cazzaruola proporzionata, un poco di burro e sul fondo e all'ingiro della medesima distendete il lardone, sopra al quale collocherete un primo strato di scaloppine condendole con sale, pepe, l'odore delle spezie, parmigiano grattato e prezzemolo tritato. Poi un altro strato di scaloppine condite nella stessa maniera, e così di seguito finché avrete roba. Sull'ultimo strato di scaloppine spargete diversi pezzetti di burro e cuoceteli tra due fuochi, più sotto che sopra, finché restino quasi asciutte e rosolato il lardone. Versate il tortino sopra a uno strato di spinaci tirati al burro e servitelo a quattro persone.

BRACIOLINE RIPIENE

Bracioline sottili di vitella, grammi 300.

Carne magra di vitella o di vitella di latte, grammi 70.

Prosciutto piuttosto magro, grammi 40.

Midollo di vitella, grammi 30.

Parmigiano grattato, grammi 30.

Uova, n. 1.

Delle bracioline ne usciranno 6 o 7 se le tenete larghe quanto una mano: battetele ben bene col batticarne oppure con un manico di coltello intinto spesso nell'acqua per allargarle. Poi tritate fine il prosciutto coi grammi 70 della seconda carne e a questo battuto unite il parmigiano e il midollo ridotto prima pastoso colla lama di un coltello; per ultimo aggiungete l'uovo per legare il composto e una presa di pepe, non occorrendo il sale a motivo del prosciutto e del parmigiano. Distendete le bracioline e sul mezzo delle medesime distribuite il detto composto; poi arrocchiatele e col refe legatele in croce.

Ora che hanno già preso la forma occorrente, preparate un leggiero bat-tuto con un po' di cipolla, un pezzetto di sedano bianco, un pezzetto di carota e grammi 20 di carnesecca, e mettetelo al fuoco in una cazzaruola con grammi 20 di burro, in pari tempo che vi porrete le bracioline. Conditele con sale e pepe, e quando avranno preso colore versate sugo di pomodoro o conserva e tiratele a cottura coll'acqua. Potete anche aggiungere, piacendovi, un gocciolo di vino bianco.

Quando le mandate in tavola togliete il refe con cui le avevate legate.

BRACIOLINE ALLA BARTOLA

La carne di vitella o di manzo che meglio si presta per questo piatto sa-rebbe il filetto o il girello, ma può servire anche il culaccio e la coscia.

Carne suddetta, peso netto senz'osso, grammi 500.

Prosciutto grasso e magro, grammi 50.

Un piccolo spicchio d'aglio.

Un piccolo spicchio di cipolla.

Una costola di sedano lunga un palmo.

Un buon pezzo di carota.

Un pizzico di prezzemolo.

Tagliate la carne a fette grosse quasi un dito per ottenere non più di sette od otto bracioline alle quali procurate di dar bella forma, e battetele con la costola del coltello. Fate un battuto tritato molto fine col prosciutto e gl'ingredienti sopra descritti, poi versate in una sauté o teglia di rame sei cucchiaiate d'olio sul quale, a freddo, collocherete le bracioline spalmando sopra ad ognuna un pizzico del detto battuto. Conditele con poco sale, pepe e il solo fiore di quattro o cinque chiodi di garofano, e a fuoco vivo fatele rosolare dalla parte di sotto, poi voltatele ad una ad una col suo battuto per rosolare anche questo, e quando avrà soffritto a sufficienza tornatele a rivoltare onde il battuto ritorni al disopra raccattando quello che è rimasto attaccato alla teglia, ora bagnatele con sugo di pomodoro o conserva sciolta nell'acqua, cuopritele e fatele bollire adagio per quasi due ore; ma mezz'ora prima di mandarle in tavola cuocete nell'intinto delle medesime una grossa patata sbucciata e tagliata in dieci o dodici tocchetti collocandoli nei vuoti fra una braciolina e l'altra.

Meglio sarebbe mandarle in tavola nel recipiente dove sono state cotte; ma se questo è indecente mettetele pari pari in un vassoio con le patate all'intorno. Questa quantità basta per quattro o cinque persone, e non è piatto da disprezzarsi, perché non lascia lo stomaco aggravato.

BRACIOLINE ALLA CONTADINA

Per me, che si ribellano al mio gusto, le lascio mangiare ai contadini; ma, poiché ad altri potrebbero non dispiacere, ve le descrivo.

Preparate le bracioline con carne magra di vitella battuta bene, ungetele coll'olio e conditele con poco sale e pepe. Fate un composto di olive in salamoia, capperi strizzati dall'aceto e un'acciuga, tritando il tutto ben fine. Lasciatelo così semplice, oppure aggiungete un rosso d'uovo e un pizzico di parmigiano; riempitene le bracioline, legatele e quindi cuoce-tele con burro e sugo di pomodoro, oppure in un soffritto di cipolla.

Braciuole nella scamerita

Eccovi un piatto di tipo tutto fiorentino. La scamerita è quella parte del maiale macellato ove, finita la lombata, comincia la coscia; essa è mar-morizzata di magro e grasso, quest'ultimo in quantità tale che piace sen-za nauseare. Ponete le braciuole in un tegame con pochissimo olio, due o tre spicchi d'aglio, con la loro buccia, un po' stiacciati, e conditele con sale e pepe. Quando avranno preso colore da ambedue le parti, versate nel tegame due o tre dita (di bicchiere) di vino rosso e lasciate che, bollendo, l'umido prosciughi di metà. Allora mettetele da parte asciutte conservandole calde, e in quell'intinto tirate a sapore del cavolo nero già lessato, spremuto dall'acqua, tagliato non tanto minutamente e condito anch'esso con sale e pepe. Mandatele in tavola col cavolo sotto.

Cotolette di vitella di latte in salsa d'uovo

Dopo averle dorate e cotte alla sauté, come quelle dei n. 312 e 313, spargete sopra alle medesime una salsa di rossi d'uovo, burro e agro di limone, tenetele ancora un poco sul fuoco e servitele. Per sette od otto cotolette basteranno tre rossi d'uovo, grammi 30 di burro e mezzo limone, frullati in un pentolino prima di versarli.

Cotolette di vitella di latte coi tartufi alla bolognese

Il posto migliore per questo piatto è il sotto-noce, ma può servire anche il magro del resto della coscia o del culaccio. Tagliatele sottili e della dimensione della palma di una mano: battetele e date loro una forma smussata ed elegante come, ad esempio, la figura del cuore, cioè larga da capo e restringentesi in fondo, il che si ottiene più facilmente tritando prima la carne colla lunetta. Poi preparatele in un piatto con agro di limone, pepe, sale e pochissimo parmigiano grattato. Dopo essere state un'ora o due in questa infusione, passatele nell'uovo sbattuto e tenetecele altrettanto. Poi panatele con pangrattato fine, mettetele a soffriggere col burro in una teglia di rame, e quando saranno appena rosolate da una parte voltatele e sopra la parte cotta distendete prima delle fette di tartufi e sopra queste delle fette di parmigiano o di gruiera; ma sì le une che le altre tagliatele sottili il più che potete. Fatto questo, terminate di cuocerle con fuoco sotto e sopra aggiungendo brodo o sugo di carne; poi levatele pari pari e disponetele in un vassoio col loro sugo all'intorno strizzandoci l'agro di un limone, o mezzo solo se sono poche.

Nella stessa maniera si possono cucinare le costolette di agnello dopo aver ripulito, raschiandolo, l'osso della costola.

COTOLETTE COL PROSCIUTTO

Preparate le cotolette come quelle del numero precedente e mettetele nell'uovo con una fetta sottilissima di prosciutto grasso e magro della dimensione della cotoletta stessa. Panatele col prosciutto appiccicato so-pra, salatele poco e rosolatele nel burro dalla parte dove non è il pro-sciutto. Sopra al prosciutto, invece de' tartufi, distendete fette sottilissi-me di parmigiano o di gruiera, finite di cuocerle col fuoco sopra e servitele con sugo di carne ed agro di limone, oppure con sugo di pomodoro.

POLPETTE

Non crediate che io abbia la pretensione d'insegnarvi a far le polpette. Questo è un piatto che tutti lo sanno fare cominciando dal ciuco, il quale fu forse il primo a darne il modello al genere umano. Intendo soltanto dirvi come esse si preparino da qualcuno con carne lessa avanzata; se poi le voleste fare più semplici o di carne cruda, non è necessario tanto condimento.

Tritate il lesso colla lunetta e tritate a parte una fetta di prosciutto grasso e magro per unirla al medesimo. Condite con parmigiano, sale, pepe, odore di spezie, uva passolina, pinoli, alcune cucchiaiate di pappa, fatta con una midolla di pane cotta nel brodo o nel latte, legando il composto con un uovo o due a seconda della quantità. Formate tante pallottole del volume di un uovo, schiacciate ai poli come il globo terrestre, panatele e friggetele nell'olio o nel lardo. Poi con un soffrittino d'aglio e prezzemolo e l'unto rimasto nella padella passatele in una teglia, ornandole con una salsa d'uova e agro di limone.

Se non tollerate i soffritti mettetele nella teglia con un pezzetto di burro, ma vi avverto che i soffritti, quando siano ben fatti, non sono nocivi, anzi eccitano lo stomaco a digerir meglio. Mi rammento che una volta fui a pranzo con alcune signore in una trattoria di grido la quale pretendeva di cucinare alla francese – troppo alla francese! – ove ci fu dato un piatto di animelle coi piselli. Tanto quelle che questi erano freschi e di primissima qualità, ma essendo stati tirati a cottura nell'umido del solo burro senza soffritto, e almeno un buon sugo, e senza aromi di sorta, nel mangiare quella pietanza, che poteva riuscire un eccellente manicaretto, si sentiva che lo stomaco non l'abbracciava e a tutti riuscì pesante nella digestione.

POLPETTONE

Signor polpettone, venite avanti, non vi peritate; voglio presentare anche voi ai miei lettori.

Lo so che siete modesto ed umile perché, veduta la vostra origine, vi sapete da meno di molti altri; ma fatevi coraggio e non dubitate che con qualche parola detta in vostro favore troverete qualcuno che vorrà as-saggiarvi e che vi farà forse anche buon viso.

Questo polpettone si fa col lesso avanzato, e, nella sua semplicità, si mangia pur volentieri. Levatene il grasso e tritate il magro colla lunetta; conditelo e dosatelo in proporzione con sale, pepe, parmigiano, un uovo o due, e due o tre cucchiaiate di pappa. Questa può essere di midolla di pane cotta nel latte, o nel brodo, o semplicemente nell'acqua aggraziata con un po' di burro. Mescolate ogni cosa insieme, formatene un pane ovale, infarinatelo; indi friggetelo nel lardo o nell'olio e vedrete che da morbido qual era da prima, diverrà sodo e formerà alla superficie una crosticina. Tolto dalla padella, mettetelo a soffriggere nel burro da ambedue le parti entro a un tegame, e quando siete per mandarlo in tavola, legatelo con due uova frullate, una presa di sale e mezzo limone. Questa salsa fatela a parte in una cazzarolina, regolandovi come si trattasse di una crema, e versatela sopra il polpettone quando l'avrete messo in un vassoio.

Per non sciuparlo, se è grosso, quando l'avete in padella rivoltatelo con un piatto o con un coperchio di rame come fareste per una frittata.

POLPETTONE DI CARNE CRUDA ALLA FIORENTINA

Prendete mezzo chilogrammo, senz'osso, di carne magra di vitella, nettatela dalle pelletiche e dalle callosità e prima con un coltello a colpo, poi colla lunetta tritatela fine insieme con una fetta di prosciutto grasso e magro. Conditela con poco sale, pepe e spezie, aggiungete un uovo, mescolate bene e colle mani bagnate formatene una palla e infarinatela.

Fate un battutino con poca cipolla (quanto una noce), prezzemolo, sedano e carota, mettetelo al fuoco con un pezzetto di burro e quando avrà preso colore gettate dentro il polpettone. Rosolatelo da tutte le parti e poi versate nel recipiente mezzo bicchiere abbondante d'acqua in cui avrete stemperata mezza cucchiaiata di farina; copritelo e fatelo bollire a lentissimo fuoco badando che non si attacchi. Quando lo servite, col suo intinto denso all'intorno, strizzategli sopra mezzo limone.

Se lo volete alla piemontese, altro non resta a fare che collocare nel cen-tro della palla, quando la formate, un uovo sodo sgusciato, il quale serve a dar bellezza al polpettone quando si taglia a fette. Non è piatto da disprezzarsi.

QUENELLES

Le quenelles costituiscono un piatto di origine e di natura francese, come apparisce dal nome, che non ha corrispondente nella lingua italiana, e fu inventato forse da un cuoco il cui padrone non aveva denti.

    Vitella di latte, grammi 120.

    Grasso di rognone di vitella di latte, grammi 80,

    Farina, grammi 50.

    Burro, grammi 30.

    Uova, uno e un rosso.

    Latte, decilitri 2.

Nettate bene la carne dalle pelletiche e il grasso dalle pellicine che lo in-vestono e, dopo averli pesati, tritateli più che potete col coltello e con la lunetta, indi pestateli nel mortaio finché non sian ridotti a una pasta fi-nissima.

Fate una balsamella con la farina, il burro e il latte soprannotati e quan-do sarà diaccia uniteci la roba pestata, le uova, il condimento di solo sale e mescolate ben bene ogni cosa insieme. Distendete sulla spianatoia un velo di farina, versateci sopra il composto e, leggermente infarinato, tiratelo a bastoncino in modo da ottenere 18 o 20 rocchi, simili alle salsicce, lunghi un dito.

Mettete dell'acqua al fuoco in un vaso largo e quando bolle gettateci le quenelles; fatele bollire 8 o 10 minuti e le vedrete rigonfiare. Allora con la mestola un po' forata levatele asciutte e servitele sguazzanti nella salsa di pomodoro n. 125, a cui aggiungerete alcuni funghi freschi o secchi (che avrete cotti avanti nella salsa medesima) e alcune olive in salamoia, alle quali leverete il nocciolo. Alla salsa di pomodoro potete sostituire il sugo di carne, oppure guarnire con le quenelles un intingolo di rigaglie e animelle. Si possono fare anche con la carne bianca dei polli o con la polpa del pesce e questa quantità può bastare per cinque persone.

Se vi servite della salsa di pomodoro, che è la più opportuna per questo piatto di gusto molto delicato, legatela con un intriso composto di grammi 30 di burro e un cucchiaio di farina, versandola nel medesimo quando avrà preso sul fuoco il color nocciuola.

Agnello trippato

Spezzettate grammi 500 di agnello nella lombata e friggetelo con lardo vergine. Fate quindi in un tegame un soffritto coll'unto rimasto in padella, aglio e prezzemolo e, quando l'aglio avrà preso colore, gettateci l'agnello già fritto, conditelo con sale e pepe, rivoltatelo bene e lasciatelo alquanto sopra al fuoco perché s'incorpori il condimento. Poi legatelo con la seguente salsa: frullate in un pentolo due uova con un buon pizzico di parmigiano grattato e mezzo limone. Versatela nell'agnello, mescolate, e quando l'uovo sarà alquanto rappreso, servite in tavola.

Agnello coi piselli all'uso di Romagna

Prendete un quarto d'agnello dalla parte di dietro, steccatelo con due spicchi d'aglio tagliato a striscioline e con qualche ciocca di ramerino; dico ciocche e non foglie, perché le prime si possono levare, volendo, quando l'agnello è cotto. Prendete un pezzo di lardone o una fetta di carnesecca e tritateli fini col coltello. Mettete l'agnello al fuoco in un tegame con questo battuto e un poco d'olio; conditelo con sale e pepe e fatelo rosolare. Allorché avrà preso colore, aggiungete un pezzetto di burro, sugo di pomodoro oppure conserva sciolta nel brodo o nell'acqua e tiratelo a cottura perfetta. Ritirate per un momento l'agnello, versate nell'intinto i piselli e quando avranno bollito un poco, rimettetelo sui medesimi, fateli cuocere e serviteli per contorno.

Si può cucinare nella stessa maniera un pezzo di vitella di latte nella lombata o nel culaccio.

In Toscana questi piatti si manipolano nella stessa guisa, ma si fa uso del solo olio.

Spalla d'agnello all'ungherese

Se non è all'ungherese sarà alla spagnola o alla fiamminga; il nome poco importa, purché incontri, come credo, il gusto di chi la mangia.

Tagliate la spalla a pezzi sottili e larghi tre dita in quadro. Trinciate due cipolle novelline oppure tre o quattro cipolline bianche; mettetele a sof-friggere con un pezzetto di burro e quando avranno preso il rosso cupo buttate giù l'agnello e conditelo con sale e pepe. Aspettate che la carne cominci a colorire ed aggiungete un altro pezzetto di burro intriso nella farina; mescolate e fategli prendere un bel colore, poi tiratelo a cottura con brodo versato a poco per volta. Non mandatelo in tavola asciutto, ma con una certa quantità del suo sugo.

Testicciuola d'agnello

Per mettere in umido la testicciuola d'agnello non fate come quella serva a cui il padrone avendo detto che la dividesse in due parti la tagliò per traverso; fu la stessa brava ragazza che un'altra volta aveva infilato i tordi nello spiedo dal di dietro al davanti. Tagliate dunque la testicciuola per la sua lunghezza e così come stanno i due pezzi naturalmente, metteteli a cuocere in un largo tegame; ma fate prima un soffritto d'aglio, prezzemolo e olio, e quando avrà preso colore, fermatelo con un ramaiuolo di brodo. Buttata giù la testicciuola, conditela con sale e pepe, aggiungete a mezza cottura un pezzetto di burro, un poco di sugo o conserva di pomodoro e tiratela a cottura con altro brodo, se occorre.

È un piatto da non presentarsi ad estranei, ma per famiglia è di poca spesa e gustoso; la parte intorno all'occhio è la più delicata.

Coteghino fasciato

Non ve lo do per un piatto fine, ma come piatto di famiglia può benissimo andare, anzi potrete anche imbandirlo agli amici di confidenza. A proposito di questi, il Giusti dice che coloro i quali sono in grado di poterlo fare, devono di quando in quando invitarli ad ungersi i baffi alla loro tavola. Ed io sono dello stesso parere, anche nel supposto che gli invitati vadano poi a lavarsi la bocca di voi, come è probabile, sul trattamento avuto.

Prendete un coteghino del peso di grammi 300 circa e spellatelo da cru-do.

Prendete una braciuola di magro di vitella o di manzo del peso di grammi 200 a 300 larga e sottile e battetela bene.

Involtate con essa il coteghino, ammagliatelo tutto col refe e mettetelo al fuoco in una cazzaruola insieme con un pezzetto di burro, sedano, carota e un quarto di cipolla, il tutto tagliato all'ingrosso.

Sale e pepe non occorrono perché il coteghino contiene ad esuberanza questi condimenti.

Se col sugo vi piacesse di condire una minestra di maccheroni, aggiun-gete alcune fettine di prosciutto grasso e magro, oppure di carnesecca. Quando il pezzo avrà preso colore da tutte le parti, versate acqua bastante a ricoprirlo per metà e alcuni pezzetti di funghi secchi, facendolo bollire adagino fino a cottura completa. Passate il sugo, unite al medesimo i funghi anzidetti e con questo, cacio e burro condite i maccheroni, servendo il coteghino fasciato, sciolto dal refe, con alquanto del suo sugo all'intorno, per companatico.

Il sugo per condire la minestra sarà bene condensarlo alquanto con un pizzico di farina. Mettetela in una cazzaruola con un pezzetto di burro e quando comincia a prender colore versateci il sugo e fatelo bollire un poco.

A questo piatto si addice molto il contorno di carote, prima lessate a due terzi di cottura, poi rifatte in quel sugo.

STUFATINO DI MUSCOLO

Ognun sa che i muscoli di tutte le bestie, compresa la bestia uomo, sono fasci di fibre che costituiscono la carne in genere; ma muscolo volgarmente si chiama in Firenze quella carne di vitella che, per essere alla estremità della coscia o della spalla verso le gambe, contiene tendini morbidi e gelatinosi che si addicono a questa cucinatura. Tagliate a pez-zetti grammi 500 di muscolo di vitella o di vitella di latte. Mettete al fuoco dell'olio con due spicchi d'aglio senza sbucciarli, ma alquanto ammaccati; lasciate soffriggere e quindi gettateci la carne, condendola con sale e pepe. Rosolata che sia, spargetele sopra mezza cucchiaiata di farina, aggiungete sugo di pomodoro o conserva e un pezzetto di burro; quindi acqua o brodo, a poco per volta, e tiratela a cottura; ma fate in maniera che vi resti dell'intinto. Disponete sopra un vassoio delle fette di pane arrostito, versate sopra le medesime lo stufatino e mandatelo in tavola. Potete anche servirlo senza crostini e metterci dei funghi freschi, tagliati a fette, oppure delle patate quando la carne sarà quasi cotta.

STUFATINO DI PETTO DI VITELLA DI LATTE COI FINOCCHI

Spezzettate il petto di vitella di latte lasciandogli le sue ossa. Fate un battuto con aglio, prezzemolo, sedano, carota e una fetta proporzionata di carnesecca; aggiungete olio, pepe, sale e mettetelo al fuoco insieme colla carne suddetta. Rivoltatela spesso, e quando sarà rosolata alquanto, spargete sulla medesima un pizzico di farina, un po' di sugo di pomodoro o conserva e tiratela a cottura con brodo o acqua. Per ultimo aggiungete un pezzetto di burro e i finocchi tagliati a grossi spicchi già ridotti a mezza cottura nell'acqua e soffritti nel burro. La cazzaruola, tanto in questo che negli altri stufati, tenetela sempre coperta.

Quando parlo di cazzaruole intendo quelle di rame bene stagnate. Hanno a dir quel che vogliono, ma il rame, tenuto pulito, è da preferirsi sempre ai vasi di ferro e di terra, perché quelli si arroventano e bruciano le vivande; questa screpola e suzza gli untumi e col troppo uso comunica qualcosa che sa di lezzo.

VITELLA DI LATTE IN GUAZZETTO

Riesce un umido di non molto sapore, ma semplice e sano, perciò lo descrivo. Prendete vitella di latte nel sottonoce o nel culaccio, battetela, legatela perché stia raccolta e ponetela in cazzaruola come appresso.

Ammesso che il pezzo della carne sia grammi 500 senz'osso, coprite il fondo della cazzaruola con grammi 30 di carnesecca a fette sottilissime e grammi 30 di burro e sopra a questo strato collocate meno di mezzo limone tagliato in quattro fette sottili alle quali leverete la corteccia e i semi. Sopra a queste cose ponete la vitella per rosolarla ben bene da tutte le parti; ma badate che non prenda di bruciato a motivo del poco umido che vi si trova. Fatto questo, scolate l'unto superfluo, conditela con sale e pepe e poco dopo bagnatela con un bicchiere di latte caldo, che avrete prima fatto alquanto bollire a parte, ma non vi sgomentate se questo impazzirà, com'è probabile.

Coprite la cazzaruola con carta a doppio e, a fuoco lento, tirate il pezzo della carne a cottura; quando sarete per servirla passate il sugo.

Questa dose potrà bastare per quattro persone.

Petto di vitella di latte ripieno

In termine culinario si chiamerebbe petto farsito.

>Petto di vitella di latte tutto in un pezzo, grammi 500.

>Magro di vitella di latte senz'osso, grammi 170.

>Prosciutto grasso e magro, grammi 40.

>Mortadella di Bologna, grammi 40.

>Parmigiano, grammi 15.

>Uova, n. 1.

>Un quarto appena di spicchio d'aglio e 4 o 5 foglie di prezzemolo.

Fate un composto col suddetto magro di vitella di latte in questa manie-ra: nettatelo dai tendini e dalle pelletiche, se vi sono, e tritatelo finissimo con un pezzetto di grasso di prosciutto levato dai suddetti 40 grammi. A questa carne battuta aggiungete l'aglio e il prezzemolo, tritati finissimo, il parmigiano, l'uovo, una presa di pepe, pochissimo sale e mescolate il tutto ben bene. Se avete d'occasione una pallina di tartufi tritatela nel composto e sentirete che ci sta d'incanto.

Disossate il petto dalle ossa dure e lasciategli le tenere; apritelo nel tes-suto connettente passando il coltello al di sotto delle costole sì che di-venti doppio di superficie come si fa di un libro quando si apre. Sopra la metà del petto dove sono rimaste le ossa tenere, distendete parte del composto e sopra a questo disponete parte del prosciutto o della morta-della tagliati a strisce larghe un dito intercalandole a poca distanza tra loro. Sopra a questo primo strato ponetene un secondo e un terzo, se avete roba sufficiente, tramezzando sempre il composto e i salumi. Finita l'operazione tirate sopra al ripieno l'altra metà del petto rimasta nuda, per chiudere, come sarebbe a dire, il libro e con un ago grosso e refe cucite gli orli perché il ripieno non ischizzi fuori; oltre a ciò legatelo stretto in croce con lo spago. Così acconciato mettetelo al fuoco in una cazzaruola con un pezzo di burro, sale e pepe, e quando avrà preso colore da ambedue le parti, portatelo a cottura con acqua versata a poco per volta.

Servitelo caldo col suo sugo ristretto; ma prima scioglietelo dallo spago e dal refe. Se è venuto bene deve potersi tagliare a fette e far bella mo-stra di sé coi suoi lardelli. Potete contornarlo di piselli freschi cotti nel suo sugo, o di finocchi tagliati a spicchi, ma prima lessati.

ARROSTINI DI VITELLA DI LATTE ALLA SALVIA

Questo piatto si forma con la lombata di vitella di latte priva di pelleti-che e col suo osso attaccato, e tagliata a braciuole sottili. Servitevi di una sauté o di una teglia di rame, e mettetela al fuoco con alcune foglie intere di salvia e un pezzo di burro proporzionato. Quando avrà soffritto un poco gettateci le braciuole e mentre rosolano, a fuoco vivo, salatele da ambedue le parti, poi spargeteci un po' di farina e terminate di cuocerle con la marsala. Devono restare con poco umido.

Dato che con grammi 500 circa di lombata, pulita dal superfluo, formiate sei di dette braciuole, basterà un dito scarso (di bicchiere) di marsala, e se mai un po' di sugo di pomodoro; della farina un cucchiaino.

LOMBO DI MAIALE RIPIENO

Per lombo qui s'intende un pezzo di lombata dalla parte che non ha co-stole.

> Lombo di maiale, chilogrammi 1.
>
> Rete di maiale, grammi 100.
>
> Magro di vitella di latte, grammi 100.
>
> Prosciutto grasso e magro, grammi 50.
>
> Mortadella, grammi 50.
>
> Midollo, grammi 30.
>
> Parmigiano grattato, grammi 30.
>
> Un rosso d'uovo.
>
> Odore di noce moscata a chi piace.

Rosolate nel burro la vitella di latte e tanto questa che il prosciutto e la mortadella tritateli coi coltello e poi pestateli nel mortaio per ridurli fi-nissimi.

Versate questo pesto sul tagliere, unitevi il midollo, il parmigia-no e il rosso d'uovo, conditelo scarsamente con sale, pepe e noce moscata, e con la lama di un coltello riducetelo a poltiglia tutta eguale. Ora levate il grasso superficiale alla lombata, disossatela e poi tagliatela in sette od otto braciuole, ma in modo che restino tutte unite alla base per poterle aprire come i fogli di un libro e sopra ad ognuna di queste appicciate una cucchiaiata della detta poltiglia; poi unitele insieme per formarne un rotolo che spolverizzerete di sale e pepe e legherete stretto con lo spago. Fatto ciò copritelo con la rete di maiale, legandola con un filo onde vi stia aderente, e cuocetelo a lento fuoco in cazzaruola senza null'altro. Tre ore di cottura potranno bastare e servirà per otto persone.

È un piatto buono, tanto caldo che freddo, e non grave; ma servito caldo potrete mandarlo in tavola accompagnato da un erbaggio rifatto nel suo unto. Per tagliarlo a fette devesi trinciare non nel senso delle divisioni, ma pel contrario, che così farà bella mostra.

BUE GAROFANATO

Per bue, intendo carne grossa, comprendendovi cioè il manzo e la vitel-la.

Prendete un bel tocco di magro nella coscia o nel culaccio, battetelo, e ponetelo in infusione nel vino la sera per la mattina di poi. Dato che il pezzo sia di un chilogrammo all'incirca, steccatelo con lardone e quattro chiodi di garofani, legatelo e mettetelo al fuoco con mezza cipolla tagliata a fette sottili, burro e olio in quantità eguali e salatelo. Rosolatelo da tutte le parti e strutta la cipolla, versate un bicchier d'acqua e, coperta la bocca della cazzaruola con un foglio di carta a due o tre doppi tenuti fermi dal coperchio, fatelo bollire adagio fino a cottura. Scioglietelo e servitelo coi suo sugo all'intorno, passato e digrassato. I lardelli di lardone, come vi ho detto altre volte, è bene tenerli grossi un dito e condirli con sale e pepe.

Non lo credo cibo confacente agli stomachi deboli.

ANIMELLE ALLA BOTTIGLIA

Quelle d'agnello non hanno bisogno di alcuna preparazione; a quelle di bestia più grossa bisogna dare mezza cottura nell'acqua, spellandole, se occorre. Le prime lasciatele intere, le seconde tagliatele a pezzi e sì le une che le altre infarinatele bene e mettetele a rosolare nel burro con-dendole con sale e pepe. Poi bagnatele con vino di Marsala o di Madera, e dopo fate loro alzare un solo bollore. Si può anche tirare la salsa a parte con una presa di farina, un pezzetto di burro e il vino.

Se poi le aggraziate col sugo di carne, da buone che sono, diventeranno squisite.

TRIPPA COL SUGO

La trippa, comunque cucinata e condita, è sempre un piatto ordinario. La giudico poco confacente agli stomachi deboli e delicati, meno forse quella cucinata dai Milanesi, i quali hanno trovato modo di renderla te-nera e leggiera, non che quella alla côrsa che vi descriverò più sotto. In alcune città si vende lessata e questo fa comodo; non trovandola tale, lessatela in casa e preferite quella grossa cordonata. Lessata che sia, ta-gliatela a strisce larghe mezzo dito ed asciugatela fra le pieghe di un ca-novaccio. Mettetela poi in una cazzaruola a soffriggere nel burro e quando lo avrà tirato, aggiungete sugo di carne o, non avendo questo, sugo di pomodoro; conditela con sale e pepe, tiratela a cottura più che potete e quando siete per levarla, gettateci un pizzico di parmigiano.

TRIPPA LEGATA COLLE UOVA

Lessate e tagliate la trippa come quella della ricetta precedente, poi met-tetela al fuoco in un soffritto di aglio, prezzemolo e burro, conditela con sale e pepe, e quando la credete cotta legatela con uova frullate, agro di limone e parmigiano.

TRIPPA ALLA CÔRSA

Sentirete una trippa unica nel suo genere, di grato sapore e facile a dige-rirsi, superiore a tutte le altre fin qui conosciute; ma il segreto sta nel trattarla con sugo di carne ben fatto e in grande abbondanza, perché ne assorbe molto. Oltre a ciò, è un piatto che non può farsi che in quei paesi ove si usa vendere le zampe delle bestie bovine rasate dal pelo, per la ragione che quella cotenna collosa è necessaria a legare il sugo.

Trippa cruda, grammi 700.

Zampa senz'osso, grammi 100.

Burro, grammi 80.

Lardone, grammi 70.

La metà di una grossa cipolla.

Due piccoli spicchi d'aglio.

Odore di noce moscata e spezie.

Sugo di carne, quanto basta.

Un pugnello di parmigiano.

Dico cruda la trippa, perché in molti paesi si usa di venderla lessata.

Dopo averla lavata ben bene, tagliatela a strisce non più larghe di mezzo dito e così pure la zampa. Fatto questo, trinciate minuta la cipolla e mettetela al fuoco col burro, e quando comincia a prender colore aggiungete il lardone tritato fine colla lunetta insieme coll'aglio. Allorché questo soffritto avrà preso il color nocciuola, gettateci la trippa e la zampa condendole con sale, pepe e gli aromi indicati, ma questi ultimi a scarsa misura. Fatela bollire finché sarà asciutta, indi bagnatela col sugo e col medesimo finite di cuocerla a fuoco lento onde ridurla tenera, per il che ci vorranno in tutto da 7 a 8 ore; se per caso il sugo vi venisse a mancare aiutatevi col brodo. Quando sarete per servirla, datele maggior sapore col parmigiano e versatela sopra fette di pane arrostito che devono sguazzare nel sugo. Basterà per cinque persone.

POLPETTE DI TRIPPA

Questo piatto, tolto da un trattato di cucina del 1694, vi parrà strano e il solo nome di trippa vi renderà titubanti a provarlo; ma pure, sebbene di carattere triviale, coi condimenti che lo aiutano, riesce gradito e non grave allo stomaco.

Trippa lessata, grammi 350.

Prosciutto più magro che grasso, grammi 100.

Parmigiano grattato, grammi 30.

Midollo di bue, grammi 20.

Uova, n. 2.

Un buon pizzico di prezzemolo.

Odore di spezie o di noce moscata.

Pappa non liquida, fatta di pane bagnato col brodo o col latte, due cucchiaiate.

Tritate con la lunetta la trippa quanto più potete finissima. Fate lo stesso del prosciutto, del midollo e del prezzemolo, aggiungete le uova, il resto, un poco di sale e mescolate. Con questo composto formate 12 o 13 polpette, che potranno bastare per quattro persone, infarinatele bene e friggetele nell'olio o nel lardo.

Ora fate un battutino con un quarto scarso di cipolla di mediocre gros-sezza e mettetelo in una teglia proporzionata con gr. 60 di burro e, colorito che sia, collocateci le polpette, annaffiatele dopo poco con sugo di pomodoro o conserva sciolta nel brodo, copritele e fatele bollire adagio una diecina di minuti, rivoltandole; quindi mandatele in tavola con un po' del loro intinto e spolverizzate di parmigiano. L'autore aggiunge al composto uva passolina e pinoli, ma se ne può fare a meno.

ZAMPA BURRATA

La trippa, per analogia di cucinatura e d'aspetto, richiama alla memoria la zampa burrata che è un piatto di carattere e di fisonomia del tutto fio-rentina che va lodato perché nutriente e di natura gentile. Usandosi in Firenze di macellare bestie bovine giovani, se n'è tirato partito per far servire come alimento quello che in altri paesi si lascia unito alla pelle per farne cuoio; intendo dire delle zampe, che, dal ginocchio in giù, vengon rase dal pelo e così belle e bianche son vendute a pezzi od intere.

Prendasi dunque un buon pezzo di questa zampa e si lessi, poi si disossi, si tagli a pezzetti e si metta al fuoco con burro, sale e pepe, un po' di sugo di carne e parmigiano quando si leva. Mancando il sugo di carne, può supplire discretamente il sugo o la conserva di pomodoro.

Di questo piatto prese una solenne indigestione una signora attempata che era in casa mia, forse perché ne mangiò troppa e la molta cottura che richiede non la rese abbastanza morbida.

Lingua in umido

Prendete una lingua di manzo che, senza la pappagorgia, potrà pesare un chilogrammo all'incirca. Lessatela quel tanto che basti per poterla spellare, e poi trattatela come appresso:

Fate un battuto generoso con grammi 50 di prosciutto grasso e magro, la metà di una cipolla di mezzana grandezza, sedano, carota e prezzemolo, e mettetelo al fuoco con grammi 50 di burro insieme con la lingua condita con sale e pepe. Rosolata che sia, tiratela a cottura con brodo versato a poco per volta e sugo di pomodoro o conserva; poi passate il sugo. Fate a parte un intriso con grammi 20 di burro e una cucchiaiata rasa di farina e quando avrà preso il color nocciuola versateci dentro il detto sugo e nel medesimo rimettete la lingua per tenerla ancora alquanto sul fuoco e poi servitela tagliata a fette grosse un centimetro con un contorno di sedano o altro erbaggio rifatto nel medesimo sugo.

È un piatto che potrà bastare per sette od otto persone.

Fegato di vitella di latte alla militare

Tritate ben fine uno scalogno o una cipolla novellina, fatela soffriggere in olio e burro, e quando avrà preso il colore rosso carico, gettateci il fegato tagliato a fette sottili. A mezza cottura conditelo con sale, pepe e un pizzico di prezzemolo trito. Fatelo bollire adagio onde resti sugoso, e servitelo col suo sugo, unendovi l'agro di un limone quando lo mandate in tavola.

Braciuole di castrato e filetto di vitella alla finanziera

Ponete nel fondo di una cazzaruola una fetta di prosciutto, alquanto burro, un mazzettino composto di carota, sedano e gambi di prezzemolo, e sopra a queste cose delle braciuole intere di castrato nella lombata, che condirete con sale e pepe. Fatele rosolare da ambedue le parti, aggiungete un altro pezzetto di burro, se occorre, e unite alle braciuole ventrigli di pollo, e dopo fegatini, animelle e funghi freschi o secchi, già rammolliti, il tutto tagliato a pezzi; quando anche queste cose avranno preso colore, bagnate con brodo e fate cuocere a fuoco lento. Legate l'umido con un po' di farina, e per ultimo versate mezzo bicchiere, od anche meno, di vino bianco buono, fatto prima scemare di metà al fuoco, in un vaso a parte, e fate bollire ancora un poco perché s'incorpori. Quando siete per mandarlo in tavola levate il prosciutto e il mazzetto, passate il sugo dal colino e digrassatelo.

Nella stessa maniera si può fare un pezzo di filetto di vitella, invece del castrato, aggiungendo ai detti ingredienti anche dei piselli. Se farete questi due piatti con attenzione, sentirete che sono squisiti.

BRACIOLINE RIPIENE CON CARCIOFI

Ai carciofi levate tutte le foglie dure e tagliateli in quattro o cinque spic-chi. Prendete una fetta di prosciutto grasso e magro, tritatelo fine fine, mescolatelo con un poco di burro e con questo composto spalmate gli spicchi dei carciofi. Battete e spianate le bracioline, che possono essere di vitella o di manzo, conditele con sale e pepe e ponete in mezzo a cia-scuna due o tre dei detti spicchi, poi avvolgetele e legatele in croce con un filo. Fate un battutino con poca cipolla, mettetelo in una cazzaruola con burro e olio e quando la cipolla sarà ben rosolata collocateci le bra-cioline e conditele ancora con sale e pepe. Rosolate che sieno, tiratele a cottura con sugo di pomodoro o conserva sciolta nell'acqua, e quando le mandate in tavola scioglietele dal filo.

FILETTO COLLA MARSALA

La carne del filetto è la più tenera, ma se quel briccone del macellaio vi dà la parte tendinosa, andate franco che ne resterà la metà pel gatto.

Arrocchiatelo, legatelo, e, dato che sia un chilogrammo all'incirca, met-tetelo al fuoco con una cipolla di mediocre grandezza tagliata a fette sottili, insieme con alcune fettine di prosciutto e un pezzo di burro: conditelo poco con sale e pepe. Quando sarà rosolato da tutte le parti e consumata la cipolla, spargetegli sopra un pizzico di farina, lasciatelo prender colore e poi bagnatelo con brodo o acqua. Fate bollire adagio, indi passate il sugo, digrassatelo e con questo e tre dita (di bicchiere) di marsala rimettetelo al fuoco a bollire ancora, ma lentamente; mandatelo in tavola con sugo ristretto, ma non denso per troppa farina.

Si può anche steccare il filetto con lardone e cuocerlo con solo burro e marsala.

FILETTO ALLA PARIGINA

Poiché spesso sentesi chiedere nelle trattorie il filetto alla parigina, forse perché piatto semplice, sano e nutriente, bisognerà pure dirne due parole e indicare come viene cucinato. Fatevi tagliare dal macellaio, nel miglior posto del filetto di manzo, delle braciole rotonde, grosse circa mezzo dito, e queste mettetele a soffriggere nel burro dopo che esso avrà preso colore a fuoco ben vivo; sale e pepe per condimento, e quando avranno fatto la crosticina da tutte le parti onde dentro restino succose e poco cotte, spargeteci sopra un pizzico di prezzemolo tritato e levatele subito: ma prima di portarle in tavola copritele con sugo di carne o con una salsa consimile, oppure, che è cosa più semplice, nel sugo rimasto dopo la cottura gettateci un pizzico di farina e con brodo, fate un intriso e servitevi di questo invece del sugo.

Carne alla genovese

Prendete una braciuola magra di vitella del peso di grammi 300 a 400, battetela e spianatela bene. Frullate tre o quattro uova, conditele con sale e pepe, un pizzico di parmigiano, alquanto prezzemolo tritato e friggetele nel burro in forma di frittata, della larghezza approssimativa della braciuola su cui la distenderete ritagliandola dove sopravanza e collocando i ritagli dove essa è mancante. Fatto questo, arrocchiate la braciuola insieme colla frittata ben stretta e legatela; indi infarinatela e mettetela in una cazzaruola con burro, condendola con sale e pepe.

Quando sarà ben rosolata da tutte le parti, bagnatela con brodo per finire di cuocerla e servitela col suo sugo, che a motivo della farina riuscirà alquanto denso.

Sformato di semolino ripieno di carne

Gli sformati ripieni di bracioline o di rigaglie si fanno ordinariamente di erbaggi, di riso o di semolino; se di quest'ultimo, servitevi della ricetta n. 230, mescolate tutto il burro e il parmigiano entro al composto, versatelo in una forma liscia, oppure col buco in mezzo che avrete prima imburrata, coprendone il fondo con carta unta egualmente col burro. Il ripieno di carne, che porrete in mezzo al semolino o nel buco dello stampo, tiratelo a sapor delicato con odore di tartufi o di funghi secchi. Cuocetelo a bagno-maria e servitelo caldo con alquanto sugo sopra, per dargli migliore apparenza.

Sformato di pasta lievita

Questo sformato di pasta lievita serve come di pane per mangiare con esso il suo contenuto, che può essere un umido qualunque di carne o di funghi.

    Farina d'Ungheria, grammi 300.

    Burro, grammi 70.

Altro burro, grammi 30.

Lievito di birra, grammi 30.

Rossi d'uovo, n. 3.

Panna, o latte buonissimo, decilitri 2.

Sale, quanto basta.

Vi avverto che la panna sarà troppa al bisogno.

Con un quarto della detta farina, il lievito di birra e un poco della detta panna tiepida formate un panino come quello dei Krapfen e mettetelo a lievitare. Intridete il resto della farina, coi grammi 70 di burro, sciolto d'inverno, i rossi d'uovo, il sale, il panino quando sarà cresciuto del doppio e tanta panna tiepida da ottenerne una pasta di giusta consistenza da potersi lavorare col mestolo entro a una catinella. Quando con la lavorazione darà cenno di distaccarsi dalle pareti del vaso, mettetela a lievitare in luogo tiepido e, ciò ottenuto, versatela sulla spianatoia sopra a un velo di farina e con le mani infarinate spianatela alla grossezza di mezzo centimetro.

Prendete uno stampo liscio col buco in mezzo della capacità di circa un litro e mezzo di acqua, perché con la pasta deve riempirsi solo per metà, ungetelo e infarinatelo e, tagliata la pasta a strisce, disponetele in questa maniera. Ad ogni suolo di strisce, finché ne avrete, ungetele coi grammi 30 di burro soprindicato servendovi di un pennello. Coprite lo stampo e messo nuovamente a lievitare il composto, quando sarà arrivato alla bocca, cuocetelo al forno o al forno da campagna.

Riempitelo dopo averlo sformato e mandatelo in tavola per servire cin-que o sei persone.

SFORMATO DI RISO COL SUGO GUARNITO DI RIGAGLIE

Tirate un buon sugo di carne e servitevi del medesimo tanto pel riso che per le rigaglie. Queste, a cui potete aggiungere qualche fettina di prosciutto, fatele dapprima soffriggere nel burro, conditele con sale e pepe e tiratele a cottura col detto sugo. L'odore dei funghi o dei tartufi non fa che bene.

Il riso fatelo soffriggere ugualmente nel burro così all'asciutto, poi tiratelo a cottura coll'acqua bollente e dategli grazia e sapore col detto sugo, e per ultimo col parmigiano. Ammesso che il riso sia grammi 300, uniteci due uova frullate quando avrà perduto il forte calore.

Prendete una forma liscia, tonda od ovale, ungetela col burro, copritene il fondo con una carta imburrata e versateci il riso per assodarlo al forno da campagna. Quando lo avrete sformato versateci sopra il sugo delle rigaglie, che avrete prima condensato alquanto con un pizzico di farina, e servitelo colle sue rigaglie in giro, avvertendovi che queste devono diguazzare nel sugo.

Sformato della signora Adele

La bella e gentilissima signora Adele desidera vi faccia conoscere questo suo sformato di gusto assai delicato.

> Burro, grammi 100.
>
> Farina, grammi 80.
>
> Gruiera, grammi 70.
>
> Latte, mezzo litro.
>
> Uova, n. 4.

Fate una balsamella con la farina, il latte e il burro, e prima di levarla dal fuoco aggiungete il gruiera grattato o a pezzettini e salatela. Non più a bollore gettateci le uova, prima i rossi, uno alla volta, poi le chiare montate. Versatelo in uno stampo liscio col buco in mezzo dopo averlo unto col burro e spolverizzato di pangrattato, e cuocetelo al forno da campagna per mandarlo in tavola ripieno di un umido di rigaglie di pollo e di animelle. Potrà bastare per sei persone.

Budino alla genovese

> Vitella di latte, grammi 150.
>
> Un petto di pollo di circa grammi 130.
>
> Prosciutto grasso e magro, grammi 50.
>
> Burro, grammi 30.

Parmigiano grattato, grammi 20.

Uova, n. 3.

Odore di noce moscata.

Un pizzico di sale.

Tritate colla lunetta la vitella, il petto e il prosciutto e poi metteteli in un mortaio insieme col burro, col parmigiano, con un pezzetto di midolla di pane inzuppata nel latte e pestate moltissimo il tutto per poterlo passare dallo staccio. Ponete il passato in una catinella ed aggiungete tre cucchiaiate di balsamella n. 137, che, per questo piatto, farete della consistenza di una pappa; unite al medesimo le uova e l'odore e mescolate bene.

Prendete uno stampo liscio di latta, ungetelo tutto con burro e ponete in fondo al medesimo, tagliato a misura, un foglio di carta ugualmente unto col burro; versateci il composto e cuocetelo a bagno-maria.

Dopo sformato, levate il foglio e sul posto di quello spargete un intingolo composto di un fegatino di pollo tritato e cotto nel sugo. Servitelo caldo e se vi verrà ben fatto, lo sentirete da tutti lodare per la sua delicatezza.

Però qui viene opportuno il dire che tutti i ripieni di carni pestate riescono più pesanti allo stomaco di quelle vivande che hanno bisogno di essere masticate perché, come dissi in altro luogo, la saliva è uno degli elementi che contribuiscono alla digestione.

BUDINO DI CERVELLI DI MAIALE

Per le sostanze che lo compongono è un budino nutriente ed atto ad appagare, io credo, il gusto delicato delle signore.

Cervelli di maiale, n. 3.

Questi, che possono arrivare al peso di grammi 400 circa, richiedono:

Uova, n. 2 e un rosso.

Panna, grammi 240.

Parmigiano grattato, grammi 50.

Burro, grammi 30.

Odore di noce moscata.

Sale, quanto basta.

Per panna intendo quella densa che i lattai preparano per montare.

Mettete al fuoco i cervelli col suddetto burro, salateli e, rimovendoli spesso perché s'attaccano, cuoceteli; ma avvertite di non rosolarli, indi passateli dallo staccio. Aggiungete dopo il parmigiano, la noce moscata, le uova frullate, la panna e, mescolato bene ogni cosa, versate il composto in uno stampo liscio, che avrete unto con burro diaccio e mettetelo al fuoco per restringerlo a bagno-maria.

È quasi migliore freddo che caldo e questa dose potrà bastare a sei per-sone.

PASTICCIO DI MACCHERONI

I cuochi di Romagna sono generalmente molto abili per questo piatto complicatissimo e costoso, ma eccellente se viene fatto a dovere, il che non è tanto facile. In quei paesi questo è il piatto che s'imbandisce nel carnevale, durante il quale si può dire non siavi pranzo o cena che non cominci con esso, facendolo servire, il più delle volte, per minestra.

Ho conosciuto un famoso mangiatore romagnolo che, giunto una sera non aspettato fra una brigata di amici, mentre essa stava con bramosia per dar sotto a un pasticcio per dodici persone che faceva bella mostra di sé sulla tavola, esclamò: — Come! per tante persone un pasticcio che appena basterebbe per me? — Ebbene, gli fu risposto, se voi ve lo mangiate tutto, noi ve lo pagheremo. — Il brav'uomo non intese a sordo e messosi subito all'opra lo finì per intero. Allora tutti quelli della brigata a tale spettacolo strabiliando, dissero: — Costui per certo stanotte schianta! — Fortunatamente non fu nulla di serio; però il corpo gli si era gonfiato in modo che la pelle tirava come quella di un tamburo, smaniava, si contorceva, nicchiava, nicchiava forte come se avesse da partorire; ma accorse un uomo armato di un matterello, e manovrandolo sul paziente a guisa di chi lavora la cioccolata, gli sgonfiò il ventre, nel quale chi sa poi quanti altri pasticci saranno entrati.

Questi grandi mangiatori e i parassiti non sono a' tempi nostri così co-muni come nell'antichità, a mio credere, per due ragioni: l'una, che la costituzione dei corpi umani si è affievolita; l'altra, che certi piaceri morali, i quali sono un portato della civiltà, subentrarono ai piaceri dei sensi.

A mio giudizio, i maccheroni che meglio si prestano per questa pietanza sono quelli lunghi all'uso napoletano, di pasta sopraffine e a pareti grosse e foro stretto perché reggono molto alla cottura e succhiano più condimento.

Eccovi le dosi di un pasticcio all'uso di Romagna, per dodici persone, che voi potrete modificare a piacere, poiché, in tutti i modi, un pasticcio vi riuscirà sempre:

    Maccheroni, grammi 350.

    Parmigiano, grammi 170.

    Animelle, grammi 150.

    Burro, grammi 60.

    Tartufi, grammi 70.

    Prosciutto grasso e magro, grammi 30.

    Un pugnello di funghi secchi.

    Le rigaglie di 3 o 4 polli, e i loro ventrigli, i quali possono pur anche servire, se li scattivate dai tenerumi.

    Se avete oltre a ciò creste, fagiuoli e uova non nate, meglio che mai.

    Odore di noce moscata.

Tutto questo gran condimento non vi spaventi, poiché esso sparirà sotto alla pasta frolla.

Imbiancate i maccheroni, ossia date loro mezza cottura nell'acqua salata, levateli asciutti e passateli nel sugo n. 4, e lì, a leggerissimo calore, lasciateli ritirare il sugo stesso, finché sieno cotti.

Frattanto avrete fatta una balsamella metà dose del n. 137 e tirate a cot-tura le rigaglie col burro, sale e una presina di pepe, annaffiandole col sugo. Tagliate le medesime e le animelle a pezzetti grossi quanto una piccola noce e dopo cotte, aggiungete il prosciutto a piccole strisce, i tartufi a fettine sottili, i funghi fatti prima rinvenire nell'acqua calda e qualche presa di noce moscata, mescolando ogni cosa insieme.

La pasta frolla suppongo l'abbiate già pronta, avendo essa bisogno di qualche ora di riposo. Per questa servitevi della intera dose del n. 589, ricetta A, dandole odore colla scorza di limone; ed ora che avete preparato ogni cosa, cominciate ad incassare il vostro pasticcio, il che si può fare in più modi; io, però, mi attengo a quello praticato in Romagna ove si usano piatti di rame fatti appositamente e bene stagnati. Prendetene dunque uno di grandezza proporzionata ed ungetelo tutto col burro; sgrondate i maccheroni dal sugo superfluo e distendetene un primo suolo che condirete con parmigiano grattato, con pezzetti di burro sparsi qua e là e con qualche cucchiaiata di balsamella e rigaglie; ripetete la stessa operazione finché avrete roba, colmandone il piatto.

Tirate ora, prima col matterello liscio, poi con quello rigato, una sfoglia di pasta frolla grossa uno scudo e coprite con essa i maccheroni fino alla base, poi tiratene due strisce larghe due dita e colle medesime formanti una croce a traverso, rinforzate la copritura; cingetelo all'intorno con una fasciatura larga quanto gli orli del piatto e se avete gusto per gli ornamenti, fatene tanti quanti n'entrano colla pasta che vi rimane, non dimenticando di guarnire la cima con un bel fiocco. Dorate l'intera superficie con rosso d'uovo, mandate il pasticcio in forno, e in mancanza di questo cuocetelo in casa nel forno da campagna; infine imbanditelo caldo a chi sta col desiderio di farne una buona satolla.

Umido incassato

Fate una balsamella con:

>Farina, grammi 150.

>Burro, grammi 70.

>Parmigiano, grammi 30,

>Latte, decilitri 6.

Prendete poi:

>Uova, n. 3.

Sale, quanto basta.

Spinaci, un mazzetto.

Gli spinaci lessateli, spremeteli e passateli dal setaccio. Le uova scoccia-tele quando ritirate la balsamella dal fuoco, e alla metà della medesima date il color verde coi detti spinaci.

Prendete uno stampo di rame fatto a ciambella, col buco in mezzo e scannellato all'ingiro, ungetelo bene con burro diaccio e riempitelo pri-ma colla balsamella verde, poi colla gialla e fatela ristringere a bagno-maria. Sformatela calda e riempitela nel mezzo con un intingolo ben fatto di rigaglie di pollo e di animelle, oppure di bracioline di vitella di latte con odore di funghi o tartufi. Il manicaretto tiratelo a cottura col burro e col sugo di carne oppure in altra maniera, facendo in modo che riesca delicato, e vedrete che questo piatto farà bellissima figura e sarà lodato.

SFORMATO DI RISO COLLE RIGAGLIE

Riso, grammi 150.

Parmigiano, grammi 30.

Burro, grammi 20.

Latte, circa decilitri 7.

Uova, n. 3.

Sale, quanto basta.

Cuocete il riso nel latte unendovi il burro, salatelo e in ultimo, quando è diaccio, aggiungete il resto. Versatelo in uno stampo liscio col buco in mezzo e la carta imburrata sotto, mettetelo per poco tempo, onde non indurisca, a bagno-maria, sformatelo caldo e guarnitelo colle rigaglie in mezzo. Questa dose potrà bastare per cinque persone.

UMIDO DI RIGAGLIE DI POLLO COL SEDANO

Quando alle rigaglie di pollo si uniscono i colli, le teste e le zampe, di-venta un piatto da famiglia che tutti conoscono; ma quando si tratta di farlo più gentile coi soli fegatini, creste, uova non nate, fagiuoli e anche ventrigli (purché questi li scottiate prima nel brodo e li nettiate dal tene-rume), per renderlo di grato sapore e delicato, potete regolarvi nella se-guente maniera:

Prima date un terzo di cottura nell'acqua salata al sedano tagliato lungo mezzo dito all'incirca. Poi fate un battutino di prosciutto grasso e magro e poca cipolla, mettetelo al fuoco con burro e quando sarà ben rosolato, versate prima i ventrigli, tagliati in tre pezzi, poi un pizzico di farina di patate, indi i fegatini in due pezzi e tutto il resto. Conditelo con sale, pepe e odore di spezie e quando avrà tirato il sapore annaffiatelo con brodo e poco sugo di pomodoro o conserva. Mettete a soffriggere a parte il sedano nel burro e quando sarà cotto versateci dentro le rigaglie, fatelo bollire ancora alquanto, se occorre brodo versatecene e servitele.

SCALOPPINE ALLA BOLOGNESE

Questo è un piatto semplice e sano che può servire da colazione o per tramesso in un pranzo famigliare.

Magro di vitella di latte senz'osso, grammi 300.

Patate, grammi 300.

Prosciutto grasso e magro tagliato fine, grammi 80.

Burro, grammi 70.

Parmigiano grattato, grammi 30.

Odore di noce moscata.

Lessate le patate non troppo cotte, o cuocetele a vapore, il che sarebbe meglio, e dopo tagliatele a fette sottili più che potete. Tagliate il pro-sciutto per traverso a striscioline larghe un dito scarso.

Tritate minutissima la carne con un coltello a colpo, e conditela con sale, pepe e un poco di noce moscata, perché questa e le droghe in genere, come già sapete, sono opportune nei cibi ventosi. Dividete questa carne in dodici parti per formarne altrettante scaloppine, schiacciandole con la lama del coltello, poi cuocetele in bianco, cioè senza rosolarle, con la metà del detto burro.

Prendete un piatto o un vassoio di metallo, versateci l'unto che può esser rimasto dalla cottura e quattro scaloppine, coprendole con la terza parte del prosciutto e sopra questo collocate la terza parte delle patate che condirete col parmigiano e con pezzetti del burro rimasto. Ripetete la stessa operazione per tre volte, e per ultimo ponete il piatto a crogiolar fra due fuochi e servitelo. È un quantitativo che può bastare per quattro o cinque persone.

PICCIONE COI PISELLI

Vogliono dire che la miglior morte dei piccioni sia in umido coi piselli. Fateli dunque in umido con un battutino di cipolla, prosciutto, olio e burro collocandovi i piccioni sopra, bagnandoli con acqua o brodo quando avranno preso colore da tutte le parti per finirli di cuocere. Passatene il sugo, digrassatelo e nel medesimo cuocete i piselli co' quali contornerete i piccioni nel mandarli in tavola.

LESSO RIFATTO

Talvolta per mangiare il lesso più volentieri, si usa rifarlo in umido; ma allora aspettate di avere un tocco di carne corto e grosso, del peso non minore di mezzo chilogrammo. Levatelo dal brodo avanti che sia cotto del tutto e mettetelo in cazzaruola sopra un battuto di carnesecca, cipol-la, sedano, carota e un pezzetto di burro, condendolo con sale, pepe e spezie. Quando il battuto sarà strutto, tirate la carne a cottura con sugo di pomodoro o conserva sciolta nel brodo. Passate l'intinto, digrassatelo e rimettetelo al fuoco col pezzo della carne e con un pugnello di funghi secchi rammolliti.

LESSO RIFATTO ALL'INGLESE

L'arte culinaria si potrebbe chiamare l'arte dei nomi capricciosi e strani. Toad in the bole, rospo nella tana; così chiamasi questo lesso rifatto, il quale, come osserverete dalla ricetta, e come sentirete mangiandolo, se non è un piatto squisito sarebbe ingiuria dargli del rospo.

A Firenze mezzo chilogrammo di carne da lesso, che può bastare per tre persone, resta, netta dell'osso, gr. 350 circa e, prendendo questa quantità per base, frullate in un pentolo un uovo con grammi 20 di farina e due decilitri di latte. Tagliate il lesso in fette sottili e, preso un vassoio che regga al fuoco, scioglieteci dentro grammi 50 di burro e distendetelo sopra questo, poi conditelo con sale, pepe e spezie. Quando avrà soffritto da una parte e dall'altra spargetegli sopra una cucchiaiata colma di parmigiano e poi versate sul medesimo il contenuto del pentolo. Lasciate che il liquido assodi e mandatelo in tavola.

Lesso rifatto all'italiana

Se non vi dà noia la cipolla, questo riesce migliore del precedente. Per la stessa quantità di lesso trinciate gr. 150 di cipolline, mettetele in padella con grammi 50 di burro e allorché cominciano a rosolare buttateci il lesso tagliato a fette sottili, uno spicchio d'aglio intero, vestito e leggermente stiacciato, che poi leverete, e conditelo con sale e pepe. Via via che accenna a prosciugare bagnatelo col brodo e dopo sette od otto minuti uniteci un pizzico di prezzemolo tritato e il sugo di mezzo limone, e servitelo.

Osso buco

Questo è un piatto che bisogna lasciarlo fare ai Milanesi, essendo una specialità della cucina lombarda. intendo quindi descriverlo senza pre-tensione alcuna, nel timore di essere canzonato.

È l'osso buco un pezzo d'osso muscoloso e bucato dell'estremità della coscia o della spalla della vitella di latte, il quale si cuoce in umido in modo che riesca delicato e gustoso. Mettetene al fuoco tanti pezzi quante sono le persone che dovranno mangiarlo, sopra a un battuto crudo e tritato di cipolla, sedano, carota e un pezzo di burro; conditelo con sale e pepe. Quando avrà preso sapore aggiungete un altro pezzetto di burro intriso nella farina per dargli colore e per legare il sugo e tiratelo a cottura con acqua e sugo di pomodoro o conserva. Il sugo passatelo, digrassatelo e rimesso al fuoco, dategli odore con buccia di limone tagliata a pezzettini, unendovi un pizzico di prezzemolo tritato prima di levarlo dal fuoco.

Carne all'imperatrice

Vi è molta ampollosità nel titolo, ma come piatto famigliare da colazione può andare; le dosi qui indicate bastano per cinque persone.

Carne magra di manzo nello scannello, grammi 500.

Prosciutto grasso e magro, grammi 50.

Parmigiano grattato, cucchiaiate colme n. 3.

Uova, n. 2.

Se non avete il tritacarne per ridurre in poltiglia tanto la carne che il prosciutto, servitevi del coltello e del mortaio. Uniteci il parmigiano e le uova, condite il composto con sale e pepe, mescolatelo bene, e con le mani bagnate fatene una stiacciata alta due dita.

Ponete al fuoco in una teglia o in un tegame 30 grammi di burro e due cucchiaiate d'olio; quando cominciano a bollire collocateci la detta stiacciata di carne e sulla medesima spargete uno spicchio d'aglio tagliato a fettine e alcune foglie di ramerino. Fate bollire, e quando comincia a prosciugarsi bagnatela con sugo di pomodoro o conserva sciolta nell'acqua. Mandatela in tavola contornata dalla sua salsa.

Rifreddi

Lingua alla scarlatta

Alla scarlatta perché prende un bel color rosso; ed è, per aspetto e gusto, un piatto ben indovinato.

Dovendovi parlar di lingua, mi sono venuti alla memoria questi versi del Leopardi:

Il cor di tutte

Cose alfin sente sazietà, del sonno,

Della danza, del canto e dell'amore,

Piacer più cari che il parlar di lingua,

Ma sazietà di lingua il cor non sente.

È vero, il prurito della loquacità non si sazia cogli anni, anzi cresce in proporzione, come cresce il desiderio di una buona tavola, unico conforto ai vecchi, ai quali però le inesorabili leggi della natura impongono di non abusarne sotto pena di gravi malanni; l'uomo nella vecchiaia consuma meno e l'azione degli organi facendosi via via meno attiva e le secrezioni imperfette, si generano nel corpo umano umori superflui e malefici, quindi dolori reumatici, gotta, colpi apoplettici e simile progenie uscita dal vaso di madonna Pandora.

Tornando alla lingua, di cui devo parlarvi, prendetene una di bestia grossa, cioè di vitella o di manzo, e con grammi 20 o 30 di salnitro, a seconda del volume, strofinatela tutta finché l'abbia tirato a sé. Dopo ventiquattr'ore lavatela con acqua fredda diverse volte e così umida strofinatela con molto sale e lasciatela sul medesimo otto giorni, avvertendo di voltarla ogni mattina sulla sua salamoia, prodotta dal sale che si scioglie in acqua. Il modo migliore di cucinarla essendo di farla lessa, mettetela al fuoco con acqua diaccia, la sua salamoia naturale, un mazzetto guarnito e mezza cipolla steccata con due chiodi di garofani, facendola bollire per tre o quattro ore. Spellatela quando è ancora a bollore, lasciatela freddare e mandatela in tavola; sarà poi un rifreddo eccellente e signorile se la contornerete con la gelatina n. 3.

Si può servire anche calda, o sola, o accompagnata da patate oppure da spinaci.

È un piatto da non tentarsi nei grandi calori estivi perché c'è il caso che il sale non basti per conservarla.

LINGUA DI VITELLA DI LATTE IN SALSA PICCANTE

Prendete una lingua tutta intera di vitella di latte e lessatela in acqua sa-lata, al che accorreranno circa due ore. Fate un battutino di sedano e ca-rota tritato fine, mettetelo a bollire con olio a buona misura per cinque minuti e lasciatelo da parte. Fate un altro battuto con due acciughe sala-te, lavate e nettate dalla spina, gr. 50 di capperi strizzati dall'aceto, un buon pizzico di prezzemolo, una midolla di pane quanto un uovo, bagnata appena nell'aceto, cipolla quanto una nocciuola, meno della metà di uno spicchio d'aglio e, quando il tutto sarà ben tritato, lavoratelo con la lama di un coltello e un gocciolo d'olio per ridurlo unito e pastoso e poi mescolatelo col precedente battuto di sedano e carota. Per ridurlo liquido aggiungete altr'olio e il sugo di mezzo limone, conditelo col pepe e salatelo, se occorre. Questa è la salsa.

Spellate la lingua ancora calda, scartate la pappagorgia co' suoi ossicini, che è buona mangiata lessa, e il resto della lingua tagliatelo a fette sottili per coprirle con la descritta salsa e servitela fredda.

È un piatto appetitoso, opportuno nei calori estivi quando lo stomaco si sente svogliato.

SCALOPPE DI LINGUA FARSITE IN BELLA VISTA

Fra i rifreddi questo è uno dei migliori e di bella apparenza.

Fatevi tagliare dal vostro salumaio dieci fettine di lingua salata nella parte più grossa, il cui peso in tutto riesca grammi 130 circa. Fatevi anche tagliare in fette sottili grammi 100 di prosciutto cotto grasso e magro. Tagliate giro giro i bordi della lingua per dare alle fette una forma elegante e i ritagli metteteli da parte. Poi levate dal prosciutto dieci fettine della dimensione di quelle della lingua e i ritagli tanto del prosciutto che della lingua gettateli nel mortaio con grammi 70 di burro e grammi 20 di un tartufo bianco e odoroso. Pestate queste cose insieme per ridurle fini come un unguento, di cui vi servirete per ispalmare le fette della lingua da una sola parte, ed appiccicatevi sopra le fettine del prosciutto.

Ora che avete così composto questi dieci pezzi, vi danno tutto il tempo che volete per metterli in gelatina. Questa è descritta nella ricetta n. 3 e può bastar quella dose; ma due sono le maniere per adornar con essa i pezzi suddetti. La prima consiste nel prendere un largo piatto o una teglia, versarvi un leggero strato di gelatina sciolta e quando comincia a condensare collocarvi sopra i pezzi e questi coprirli con un altro strato di gelatina sciolta per levarli dopo a uno a uno allorché siasi assodata.

La seconda sarebbe di collocare i pezzi ritti in uno stampo a qualche distanza tra loro dopo averci colato in fondo un leggero strato di gelatina sciolta, e di coprirli poi tutti della stessa gelatina per isformare quindi lo stampo e mandarli in tavola tutti in un pezzo, che così faranno più bella mostra.

In un pranzo di parecchie portate io credo che questa dose potrebbe bastare anche per dieci persone, ma per istar sul sicuro meglio sarà di non servirla a più di otto.

Vitello tonnato

Prendete un chilogrammo di vitella di latte, nella coscia o nel culaccio, tutto unito e senz'osso, levategli le pelletiche e il grasso, poi steccatelo con due acciughe. Queste lavatele, apritele in due, levate loro la spina e tagliatele per traverso facendone in tutto otto pezzi. Legate la carne non molto stretta e mettetela a bollire per un'ora e mezzo in tanta acqua che vi stia sommersa e in cui avrete messo un quarto di cipolla steccata con due chiodi di garofani, una foglia d'alloro, sedano, carota e prezzemolo. L'acqua salatela generosamente e aspettate che bolla per gettarvi la carne. Dopo cotta scioglietela, asciugatela e, diaccia che sia tagliatela a fette sottili e tenetela in infusione un giorno o due in un vaso stretto, nella seguente salsa in quantità sufficiente da ricoprirla.

Pestate grammi 100 di tonno sott'olio e due acciughe; disfateli bene colla lama di un coltello o, meglio, passateli dallo staccio aggiungendo olio fine in abbondanza a poco per volta e l'agro di un limone od anche più, in modo che la salsa riesca liquida; per ultimo mescolateci un pugnello di capperi spremuti dall'aceto. Servite il vitello tonnato con la sua salsa e con spicchi di limone.

Il brodo colatelo e servitevene per un risotto.

Rifreddo di vitella di latte

Una braciuola senz'osso, tutta magra, di vitella di latte, del peso di circa grammi 400.

Altro magro della stessa carne, grammi 120.

Una grossa fetta di prosciutto grasso e magro, di gr. 50.

Altro prosciutto come sopra, grammi 20.

Una fetta di mortadella, di grammi 50.

Parmigiano grattato, grammi 30.

Burro, grammi 20.

Un petto di pollo crudo.

Un uovo.

La braciuola bagnatela coll'acqua e battetela col batticarne per ridurla al-la grossezza di un centimetro circa.

Tritate con la lunetta i suddetti gr. 120 di magro, insieme coi suddetti gr. 20 di prosciutto e dopo pestateli nel mortaio aggiungendo il parmigiano, il burro, l'uovo, poco sale e poco pepe per fare con questi ingredienti il composto da tenere unito il ripieno che formerete come appresso.

Tagliate a filetti, grossi più di un centimetro, il petto di pollo e le due fette di mortadella e prosciutto e poi col composto spalmate una parte della braciuola e sopra al medesimo collocate una terza parte dei filetti, intercalandoli, poi spalmateli di sopra e così per altre due volte. Fatto questo arrocchiate la braciuola con entro il ripieno e ammagliatela ad uso salame per metterla al fuoco con grammi 30 di burro, sale e pepe a scarsa misura. Quando avrà preso colore, scolate l'unto, il quale potrà servire per qualche altro piatto, e tiratela a cottura per circa tre ore col brodo versato a poco per volta. Diaccia che sia scioglietela dallo spago, tagliatela a fette e servitela.

Potrà bastare per 10 o 12 persone, specialmente se la guarnite di gelatina di carne che qui ci sta a pennello.

POLLO IN SALSA TONNATA

Prendete un busto di pollo giovane (per busto s'intende un pollo al quale siano state levate le interiora, il collo e le zampe), gettatelo nella pentola quando bolle e fatelo bollire mezz'ora che basta per cuocerlo. Quando lo levate toglietegli la pelle, ché non serve per questo piatto, disossatelo tutto e mettetelo in pezzi per condirli con sale, non tanto, pepe e due cucchiaiate d'olio. Dopo diverse ore che è rimasto ammucchiato sopra un vassoio, copritelo con la seguente salsa. Dato che il busto da crudo sia del peso di grammi 600 circa, prendete:

    Tonno sott'olio, grammi 50.

    Capperi strizzati dall'aceto, grammi 30.

    Acciughe, n. 3.

    Prezzemolo un pugno, ossia tanto che dia il colore verde alla salsa.

Le acciughe nettatele dalle scaglie e dalle spine. Il prezzemolo tritatelo fine con la lunetta e poi pestatelo nel mortaio con tutto il resto per ridurre il composto della salsa finissimo. Tolto dal mortaio mettetelo in una scodella e diluitelo con quattro cucchiaiate d'olio e mezzo cucchiaio d'aceto. Con la metà di questa salsa inzafardate il pollo e con l'altra metà copritelo onde faccia più bella mostra, ma con tutto ciò, rimanendo sempre un piatto di poco grata apparenza, potete adornarlo, quando lo mandate in tavola, con due uova sode tagliate a spicchi messevi per contorno. Potrà bastare per sei persone ed è un cibo appetitoso, opportuno per principio a una colazione o ad un pranzo per gente di poco appetito, nei giorni caldi, quando lo stomaco trovasi svogliato.

Per raschiare e pulir bene il mortaio di cose morbide o liquide, come questa salsa, è molto a proposito una grossa fetta di patata cruda.

Cappone in galantina

Vi descriverò un cappone in galantina fatto in casa mia e servito a un pranzo di dieci persone; ma poteva bastare per venti, poiché, pelato, ri-sultò chilogrammi 1,500.

Vuotato e disossato (per disossare un pollo vedi il n. 258) rimase chilo-grammi 0,700 e fu riempito con la quantità di ingredienti che qui appresso vi descrivo:

    Magro di vitella di latte, grammi 200.

    Detto di maiale, grammi 200.

    Mezzo petto di pollastra.

Lardone, grammi 100.

Lingua salata, grammi 80.

Prosciutto grasso e magro, grammi 40.

Tartufi neri, grammi 40.

Pistacchi, grammi 20.

Mancandovi il maiale, può servire il petto di tacchino. I tartufi tagliateli a pezzi grossi come le nocciuole e i pistacchi sbucciateli nell'acqua cal-da. Tutto il resto tagliatelo a filetti della grossezza di un dito scarso e mettetelo da parte salando le carni.

Fate un battuto con altro maiale e con altra vitella di latte, grammi 200 di carne in tutto, pestatelo fine in un mortaio con grammi 60 di midolla di pane bagnata nel brodo; aggiungete un uovo, le bucce dei tartufi, i ritagli della lingua e del prosciutto, conditelo con sale e pepe e, quando ogni cosa è ben pesta, passatelo per istaccio.

Ora, allargate il cappone, salatelo alquanto e cominciate a distendervi sopra un poco di battuto e poi un suolo di filetti intercalati nelle diverse qualità, qualche pezzetto di tartufo e qualche pistacchio; e così di seguito un suolo di filetti e una spalmatura di battuto finché avrete roba, avvertendo che i filetti del petto di pollastra è meglio collocarli verso la coda del cappone per non accumulare sul petto di questo la stessa qualità di carne. Ciò eseguito tirate su i lembi del cappone dalle due parti laterali, non badando se non si uniscono perfettamente, che ciò non importa, e cucitelo. Legatelo per il lungo con uno spago, involtatelo stretto in un pannolino, che avrete prima lavato, onde togliergli l'odore di bucato, legate le due estremità del medesimo e mettetelo a bollire nell'acqua per due ore e mezzo. Dopo scioglietelo, lavate il pannolino, poi di nuovo rinvoltatelo e mettetelo sotto un peso in piano e in modo che il petto del cappone resti al disotto o al disopra e in questa posizione tenetelo per un paio d'ore almeno, onde prenda una forma alquanto schiacciata.

L'acqua dove ha bollito il cappone può servire per brodo e anche per la gelatina n. 3.

Cappone in vescica

Si dirà che io sono armato della virtù dell'asino, la pazienza, quando si sappia che dopo quattro prove non riuscite, ho finalmente potuto alla quinta ed alla sesta, cuocer bene un cappone in vescica. I primi quattro furono sacrificati a Como, il dio delle mense, perché non avendo prese tutte le necessarie precauzioni, le vesciche si rompevano bollendo. È un piatto però che merita di occuparsene, visto che il cappone, già ottimo per sé stesso, diventa squisito cotto in tale maniera.

Prendete una vescica di bue, meglio di maiale che sembra più resistente, grande, grossa e senza difetti; lavatela bene con acqua tiepida e tenetela in molle per un giorno o due. Sbuzzate il cappone, levategli il collo e le zampe, gettategli nell'interno un buon pugnello di sale, internate le estremità delle coscie, e piegate le ali aderenti al corpo onde le punte non isfondino la vescica. Poi cucite le aperture del buzzo e del collo e fasciatelo tutto con grammi 150 di prosciutto più magro che grasso a fette sottilissime, legandole aderenti al cappone. Acconciato in questa maniera ponetelo nella vescica, facendo a questa un'incisione per quel tanto che basta e dopo cucitela fitta.

Ora prendete un cannello lungo un palmo almeno, che serve di sfiatato-io, fategli un becco in cima a mo' di fischietto e un'intaccatura in fondo per infilarlo e legarlo nel collo della vescica e con questo apparecchio mettete il cappone al fuoco entro a una pentola di acqua tiepida e lasciatelo bollire per tre ore continue col cannello di fuori, ma badiamo bene, perché qui sta il busillis: deve bollire in modo da veder solamente quelle piccole e rade bollicine che vengono a galla. Se il cannello gettasse grasso o altro liquido non ne fate caso e raccoglietelo in un tegamino. Cotto che sia il cappone lasciatelo diacciare nella sua acqua e servitelo il giorno appresso scartando il prosciutto che ha già perduto tutto il sapore. Entro al cappone troverete della gelatina ed altra ne potrete aggiungere se vorrete fargli un conveniente contorno e sarà allora un rifreddo da principe. Anche una pollastra ingrassata, se manca il cappone, si presta all'uopo.

Sarà bene vi prevenga che l'ultima vescica mi fu assicurato che era di maiale e che avrebbe resistito al fuoco più di quella di bue.

Tordi disossati in gelatina

Per sei tordi prendete:

>Magro di vitella di latte, grammi 100.

Lingua salata, grammi 40.

Prosciutto grasso e magro, grammi 30.

Una palla di tartufi neri di circa grammi 30.

Lasciate da parte la metà della lingua e un terzo del prosciutto, più gras-so che magro, e la carne suddetta col resto della lingua e del prosciutto tritateli e pestateli nel mortaio insieme con la corteccia del tartufo, ram-morbidendo il composto con un gocciolo di marsala. Poi passatelo dallo staccio ed uniteci un rosso d'uovo.

Disossate i tordi come fareste pel pollo ripieno n. 258 e lasciate ad essi il collo e la testa attaccati; poi riempiteli col composto descritto nel quale avrete già mescolato il tartufo, la lingua e il prosciutto messi da parte, il tutto tagliato a dadini. Ora cuciteli in modo da poter levare il filo quando saranno cotti, e per cuocerli avvolgete ciascun tordo in un pezzo di velo e fateli bollire per un'ora nel brodo della gelatina n. 3.

Serviteli per rifreddo sopra alla gelatina medesima e se con questa for-mate sei stampini, grandi a modo di nido, sembrerà che il tordo vi stia sopra a covare.

Riesce un piatto fine e delicato.

ÀRISTA

Si chiama àrista in Toscana la schiena di maiale cotta arrosto o in forno, e si usa mangiarla fredda, essendo assai migliore che calda. Per schiena di maiale s'intende, in questo caso, quel pezzo della lombata che conserva le costole, e che può pesare anche 3 o 4 chilogrammi.

Steccatela con aglio, ciocche di ramerino e qualche chiodo di garofano, ma con parsimonia, essendo odori che tornano facilmente a gola, e conditela con sale e pepe.

Cuocetela arrosto allo spiede, che è meglio, o mandatela al forno senz'altro, e servitevi dell'unto che butta per rosolar patate o per rifare erbaggi.

È un piatto che può far comodo nelle famiglie, perché d'inverno si con-serva a lungo.

Durante il Concilio del 1430, convocato in Firenze onde appianare alcune differenze tra la Chiesa romana e la greca, fu ai vescovi e al loro seguito imbandita questa pietanza conosciuta allora con altro nome. Trovatala di loro gusto cominciarono a dire: àrista, àrista (buona, buona!), e quella parola greca serve ancora, dopo quattro secoli e mezzo a significare la parte di costato del maiale cucinato in quel modo.

Pasticcio freddo di cacciagione

Prendiamo, per esempio, una starna o una pernice e con essa facciamo un pasticcio che potrà bastare per sei o sette persone. La starna (Perdrix cinerea) si distingue dalla pernice (Perdrix rubra) perché questa ha i piedi e il becco rosso ed è alquanto più grossa.

Sono gallinacei dell'ordine dei Rasores; si nutrono di vegetali, partico-larmente di granaglie, e però hanno il ventriglio a pareti molto muscolose, ed abitano i monti dei paesi temperati. Le loro carni sono ottime, di sapor delicato; ma fra le due specie, la pernice è da preferirsi. Eccovi gli ingredienti per questo pasticcio:

Una starna oppure una pernice alquanto frolla.

Fegatini di pollo, n. 3.

Rossi d'uovo, n. 1.

Foglie d'alloro, n. 2.

Marsala, due dita di bicchiere comune.

Tartufi neri, grammi 50.

Lingua salata, grammi 50.

Prosciutto grasso e magro, grammi 30.

Burro, grammi 30.

Una midolla di pane grossa quanto un pugno.

Un piccolo battuto di cipolla, carota e sedano.

Un poco di brodo.

La starna vuotatela, lavatela e mettetela al fuoco col detto battuto, col burro, col prosciutto tagliato a fettine, con le foglie d'alloro intere, e conditela con sale e pepe. Quando la cipolla avrà preso colore, bagnatela con la marsala versata poco per volta, e se non basta per tirar la starna a mezza cottura servitevi di brodo. Tolta la starna dal fuoco, levatele il petto e formatene otto filetti che lascierete in disparte. Il resto tagliatelo a piccoli pezzi per tirarli a cottura intera, unicamente ai fegatini, quello della starna compresovi.

Cotta che sia questa roba, levatela asciutta e mettetela in un mortaio, gettando via le foglie dell'alloro. Nell'intinto che ancora resta gettate la midolla del pane e con un poco di brodo, rimestando, fate una pappa che verserete anch'essa nel mortaio, come pure la raschiatura dei tartufi, e pesterete ogni cosa ben fine per passarla dallo staccio. In questo passato stemperate il rosso d'uovo e lavoratelo bene col mestolo per mantecarlo.

Ora, formate la pasta per coprirlo servendovi della ricetta n. 372. Pren-dete uno di quegli stampi speciali per questi pasticci, che sono fatti a barchetta o rotondi, scannellati, di ferro bianco, a cerniera che si apre. Ungetelo col burro e, tirata la pasta sottile poco più di uno scudo, foderatelo con la medesima e fategli il fondo che poserete sopra una teglia di rame unta anch'essa col burro.

Prima gettate nel fondo parte del composto e disponetevi sopra una parte dei filetti (petto della starna e lingua) ed alcuni pezzetti di tartufi grossi quanto le nocciuole e crudi; poi altro composto intramezzato di tartufi e filetti e così di seguito se il pasticcio fosse voluminoso. Pigiatelo bene perché venga tutto unito e compatto e fategli il coperchio della stessa pasta con qualche ornamento, lasciandovi nel mezzo un buco onde sfiati il vapore.

Dorate il di fuori e cuocetelo in forno o nel forno da campagna, e quando lo levate coprite il buco con un fiocco della stessa pasta, fatto a misura e cotto a parte.

La stessa regola potete tenere per un pasticcio di due beccacce le quali non hanno bisogno di essere vuotate, né degli intestini, né del ventriglio; soltanto verificherete che nelle parti basse non vi sia qualcosa di poco odoroso.

PASTICCIO DI CARNE

       Magro di vitella di latte, grammi 200

       Magro di maiale, grammi 100

Burro, grammi 60.

Prosciutto cotto tagliato grosso, grammi 60.

Lingua salata tagliata grossa, grammi 50.

Midolla di pane, grammi 50.

Un petto di pollo.

Un fegatino di pollo.

Un'allodola o un uccello consimile.

Un tartufo.

Marsala, un decilitro.

Mettete al fuoco col detto burro e conditeli con sale e pepe, la vitella, il maiale, l'uccello (a cui leverete il becco e le zampe), il petto di pollo e per ultimo il fegatino, bagnandoli con la marsala e poi con brodo per ti-rarli a cottura, e prima di levarli lasciateci per un poco il tartufo. Poi nell'intinto che resta gettateci la midolla del pane per fare un poco di pappa e questa messa in un mortaio con l'uccelletto, un rosso d'uovo, la quarta parte circa della vitella e del maiale, fate un composto passandolo da uno staccio di fil di ferro, ma se riuscisse troppo sodo diluitelo con brodo.

Tutta la carne rimasta, il prosciutto, la lingua, il fegatino e il tartufo ta-gliateli a quadretti grossi come le nocciuole e mescolate ogni cosa in-sieme unicamente col composto passato. Ora prendete uno degli stampi appositi da pasticcio, di forma rotonda, incassatelo; ma quando avrete distesa per bene la pasta tanto sul fondo che intorno allo stampo foderatela con fettine di lardone sottili come un velo e dopo riempito fategli il suo coperchio.

Se lo desideraste più signorile non riempite lo stampo fino alla bocca e nel vuoto versateci, dopo cotto, un po' di gelatina n. 3 e servitelo freddo con altra gelatina a parte.

Basterà per otto persone.

Pasticcio di lepre

Chi non ha buone braccia non si provi intorno a questo pasticcio. La natura arida delle carni della bestia di cui si tratta e il molto ossame, ri-chiedono una fatica improba per estrarne tutta la sostanza possibile, senza di che non fareste nulla di veramente buono.

Quello che qui vi descrivo fu fatto alla mia presenza, nelle seguenti dosi e proporzioni sulle quali, regolandovi, ritengo non sia il caso di sciupare i vostri quattrini.

> Mezza lepre, senza testa e gli zampucci, un chilogrammo.
>
> Magro di vitella di latte, grammi 230.
>
> Burro, grammi 90.
>
> Lingua salata, grammi 80.
>
> Grasso di prosciutto, grammi 80.
>
> Prosciutto grasso e magro, tagliato grosso mezzo dito, grammi 50.
>
> Detto, tagliato fine, grammi 30.
>
> Tartufi neri, grammi 60.
>
> Farina per la balsamella, grammi 30.
>
> Marsala, decilitri 3.
>
> Uova, n. 2.
>
> Latte, mezzo bicchiere.
>
> Brodo, quanto basta.

Dalla lepre, dopo averla lavata ed asciugata, levate grammi 80 di magro dal filetto o altrove e ponetelo da parte. Poi scarnite tutte le ossa, per se-pararle dalla carne, rompetele e ponete anche queste da parte. La carne tagliatela a pezzi, e coi suddetti grammi 80 di magro, lasciato intero, mettetela in infusione con due terzi circa della detta marsala e coi se-guenti odori tagliati all'ingrosso: un quarto di una grossa cipolla, mezza carota, una costola di sedano lunga un palmo, diversi gambi di prezze-molo e due foglie di alloro. Conditela con sale e pepe, rivoltate bene o-gni cosa e lasciatela in riposo diverse ore. Frattanto nettate dalle pelleti-che la carne di vitella di latte, sminuzzatela col coltello e pestatela nel mortaio quanto più fine potete.

Scolate dalla marsala la carne messa in infusione e con tutte le ossa, gli odori indicati, il grasso di prosciutto, tagliato a pezzettini e grammi 30 del detto burro, ponetela in una cazzaruola coperta e, a fuoco vivo, la-sciatela rosolar bene, rimuovendola spesso col mestolo e bagnandola, quando sarà asciutta, con marsala, servendovi anche di quella rimasta dell'infusione, e con brodo fino a cottura completa. Allora separate nuovamente la carne dalle ossa e rimettete da parte gli 80 grammi di magro per formare con questo, coi grammi 50 di prosciutto e con la lingua, tanti filetti grossi più di mezzo dito.

Pestate prima tutta la carne della lepre nel mortaio, bagnandola di quan-do in quando per renderla più pastosa, ma non troppo liquida, col resto della marsala e con brodo e passatela; poi pestate le ossa e procurate che passi di queste tutto quel che più potete, avvertendovi però occorrervi a quest'uopo uno staccio di fil di ferro.

Ora, fate una balsamella con grammi 30 del detto burro, la farina e il latte indicati e, cotta che sia, versate nella stessa cazzaruola tutta la carne passata, tanto quella della lepre che della vitella di latte cruda, aggiunge-te le due uova, mescolate bene ed assaggiate il composto se è dosato giusto di condimenti, per aggiungere, se occorre, sale e il resto del burro.

Adesso incassate il pasticcio colla pasta qui sotto descritta e per riempir-lo regolatevi come nel n. 370. I tartufi tagliateli a tocchetti grossi come le nocciuole e così crudi e con tutti i filetti descritti disponeteli a tre suoli alternati col composto ben pigiato onde vengano sparsi regolarmente, e facciano bella mostra quando il pasticcio si taglia. Per ultimo distendetegli sopra i grammi 30 di prosciutto a fette piuttosto sottili e copritelo.

Potete coprirlo con pasta sfoglia a metà, come quella della ricetta n. 155, oppure con la seguente:

    Farina, grammi 250.

    Burro, grammi 80.

Spirito di vino, cucchiaini n. 2.

Zucchero, cucchiaini n. 2.

Rossi d'uovo, n. 2.

L'agro di uno spicchio di limone.

Sale, grammi 5.

Acqua fredda, se occorre.

Con la norma di questo, salvo qualche variazione del caso, potete fare diversi altri pasticci di selvaggina, come sarebbe di cignale, daino e ca-priolo. Questo ritengo possa bastare per un pranzo anche di venti persone.

PANE DI LEPRE

Eccovi un altro rifreddo.

Magro di lepre senz'osso, grammi 250.

Burro, grammi 100.

Farina, grammi 50.

Parmigiano grattato, grammi 30.

Rossi d'uovo, n. 6.

Latte, mezzo litro.

Fate un battutino tritato ben fine con grammi 20 circa di prosciutto e un pezzetto di cipolla, mettetelo al fuoco colla metà del detto burro e con la lepre tagliata a piccoli pezzi, salandola. Quando l'unto sarà quasi consumato e prima che la carne ròsoli, versate del buon brodo per tirarla a cottura. Cotta che sia, pestatela nel mortaio bagnandola col suo sugo, poi passatela per istaccio.

Colla farina indicata, col resto del burro e col latte fate una balsamella e quando sarà diaccia frullate bene i rossi d'uovo e mescolate ogni cosa insieme. Mettete il composto in uno stampo liscio con una carta imburrata nel fondo e cuocetelo a bagno-maria. Servitelo freddo, contornato e coperto di gelatina; ma poiché oggigiorno nei pranzi si cerca molto la bellezza e l'eleganza nei piatti, ed anche qualche grata sorpresa, meglio sarebbe in questo caso che il pan di lepre fosse coperto da una veste tutta unita di gelatina, il che si ottiene facilmente. Si prende uno stampo più grande di quello che ha servito al pan di lepre, se ne copre il fondo di gelatina e quando questa è rappresa vi si colloca il rifreddo in mezzo e si riempie con altra gelatina liquida il vuoto all'intorno.

PAN DI FEGATO

Tra i rifreddi, questo che vi descrivo, è uno dei migliori ed ha il diritto, pel suo delicato sapore, di comparire su qualunque tavola.

>Fegato di vitella di latte, grammi 500.
>
>Burro, grammi 70.
>
>Midolla di pane fresco, grammi 50.
>
>Parmigiano grattato, grammi 20.
>
>Fegatini di pollo, n. 4.
>
>Marsala, decilitri 1.
>
>Sugo di carne, oppure brodo, cucchiaiate n. 6.
>
>Uova, uno intero e due rossi.
>
>Una foglia di alloro.
>
>Sale e pepe, quanto basta.

Tagliate il fegato a fette sottili e i fegatini in due parti, e gettate queste due cose in padella con la foglia di alloro e la metà del burro e quando lo avranno assorbito aggiungete l'altra metà e condite con sale e pepe. Poi versate la marsala e dopo 4 o 5 minuti al più di fuoco vivo, dovendo il fegato rimaner tenero, levatelo asciutto e insieme con l'alloro pestatelo nel mortaio. Nell'intinto che resta in padella sminuzzate la midolla del pane e fatene una pappa che getterete anch'essa nel mortaio, poi passate ogni cosa dallo staccio; indi aggiungete il parmigiano e le uova, diluendo il composto col detto sugo o brodo. Per ultimo collocatelo in uno stampo liscio con foglio sotto, unto col burro, ed assodatelo a bagno-maria.

Sformatelo tiepido e quando sarà diaccio copritelo tutto di gelatina del n. 3, entro a uno stampo di circonferenza maggiore del primo. Potrà bastare per dodici persone.

Pasticcio di fegato

Servitevi del composto n. 374, aggiungendo soltanto grammi 30 di tartufi neri tagliati a spicchi e facendo loro alzare il bollore nella marsala prima di spargerli nel pasticcio. Copritelo con la pasta da pasticcio n. 372, cuocetelo in forno o nel forno da campagna, e servitelo freddo. Potrà bastare anche questo per dodici persone.

Piatti di pesce

Qualità e stagione dei pesci

Tra i pesci comuni, i più fini sono: lo storione, il dentice, l'ombrina, il ragno, la sogliola, il rombo, il pesce San Pietro, l'orata, la triglia di sco-glio, la trota d'acqua dolce; ottimi tutto l'anno, ma la sogliola e il rombo specialmente d'inverno.

Le stagioni per gli altri pesci più conosciuti sono: pel nasello, l'anguilla e i totani, tutto l'anno; ma l'anguilla è più adatta l'inverno e i totani sono migliori l'estate.

Pel muggine grosso di mare, il luglio e l'agosto; pel muggine piccolo (cefalo), l'ottobre e il novembre, ed anche tutto l'inverno. Pei ghiozzi, frittura e seppie, il marzo, l'aprile e il maggio. Pei polpi, l'ottobre. Per le sarde e le acciughe, tutto l'inverno fino all'aprile. Per le triglie (barboni), il settembre e l'ottobre. Pel tonno, dal marzo all'ottobre. Per lo sgombro, la primavera, specialmente il maggio; questo pesce, per la sua carne dura e tigliosa, si usa cuocerlo in umido; volendolo fare in gratella sarà bene metterlo al fuoco sopra un foglio grosso di carta unto e condirlo con olio, sale, pepe e qualche foglia di ramerino.

Tra i crostacei, uno de' più stimati è l'arigusta, o aragosta, buona tutto l'anno, ma meglio in primavera, e tra le conchiglie, l'ostrica, la quale ne' luoghi di ostricultura si raccoglie dall'ottobre all'aprile.

Il pesce, se è fresco, ha l'occhio vivace e lucido; lo ha pallido ed appan-nato se non è fresco. Un altro indizio della sua freschezza è il colore rosso delle branchie; ma queste potendo essere state colorite ad arte col sangue, toccatele con un dito e portatevelo al naso: l'odore vi farà la spia. Un altro carattere del pesce fresco è la sodezza delle carni, perché se sta molto nel ghiaccio diventa frollo e morbido al tatto.

I marinai dicono che, i crostacei e i ricci di mare, sono più pieni pescati durante il chiaro di luna.

Cacciucco I

Cacciucco! Lasciatemi far due chiacchiere su questa parola la quale for-se non è intesa che in Toscana e sulle spiagge del Mediterraneo, per la ragione che ne' paesi che costeggiano l'Adriatico è sostituita dalla voce brodetto. A Firenze, invece, il brodetto è una minestra che s'usa per Pa-squa d'uova, cioè una zuppa di pane in brodo, legata con uova frullate e agro di limone. La confusione di questi e simili termini fra provincia e provincia, in Italia, è tale che poco manca a formare una seconda Babele. Dopo l'unità della patria mi sembrava logica conseguenza il pensare all'unità della lingua parlata, che pochi curano e molti osteggiano, forse per un falso amor proprio e forse anche per la lunga e inveterata consuetudine ai propri dialetti.

Tornando al cacciucco, dirò che questo, naturalmente, è un piatto in uso più che altrove nei porti di mare, ove il pesce si trova fresco e delle specie occorrente al bisogno. Ogni pescivendolo è in grado di indicarvi le qualità che meglio si addicono a un buon cacciucco; ma buono quanto si voglia, è sempre un cibo assai grave e bisogna guardarsi dal farne una scorpacciata.

Per grammi 700 di pesce, trinciate fine mezza cipolla e mettetela a sof-friggere con olio, prezzemolo e due spicchi d'aglio intero. Appena che la cipolla avrà preso colore, aggiungete grammi 300 di pomodori a pezzi, o conserva, e condite con sale e pepe. Cotti che siano i pomodori, versate sui medesimi un dito d'aceto se è forte, e due se è debole, diluito in un buon bicchier d'acqua. Lasciate bollire ancora per qualche minuto, poi gettate via l'aglio e passate il resto spremendo bene. Rimettete al fuoco il succo passato, insieme col pesce che avrete in pronto, come sarebbero, parlando dei più comuni, sogliole, triglie, pesce cappone, palombo, ghiozzi, canocchie, che in Toscana chiamassi cicale, ed altre varietà della stagione, lasciando interi i pesci piccoli e tagliando a pezzi i grossi. Assaggiate se sta bene il condimento; ma in ogni caso non sarà male aggiungere un po' d'olio tenendosi piuttosto scarsi nel soffritto. Giunto il pesce a cottura e fatto il cacciucco, si usa portarlo in tavola in due vassoi separati; in uno il pesce asciutto, nell'altro tante fette di pane, grosse un dito, quante ne può intingere il succo che resta, ma prima asciugatele al fuoco senza arrostirle.

Cacciucco II

Questo cacciucco, imparato a Viareggio, è assai meno gustoso dell'ante-cedente, ma più leggiero e più digeribile.

Per la stessa quantità di pesce pestate in un mortaio tre grossi spicchi d'aglio e dello zenzero fresco, oppure secco, per ridurlo in polvere. Per zenzero colà s'intende il peperone rosso piccante, quindi va escluso il pepe. Mettete questo composto al fuoco in un tegame o pentola di terra con olio in proporzione e quando avrà soffritto versateci un bicchiere di liquido composto di un terzo di vino bianco asciutto oppure rosso e il resto acqua. Collocateci il pesce, salatelo e poco dopo sugo di pomodoro o conserva sciolta in un gocciolo d'acqua. Fate bollire a fuoco ardente tenendo sempre il vaso coperto, non toccate mai il pesce per non romperlo, e lo troverete cotto in pochi minuti.

Servitelo come il precedente, con fette di pane a parte che asciugherete prima al fuoco senza arrostirle.

Se il pesce, prima di cuocerlo, resta crudo per diverse ore, si conserva meglio salandolo; ma allora è bene di lavarlo avanti di metterlo al fuoco.

PESCE AL PIATTO

Ritengo che il pesce, per essere alimento poco nutritivo, sia più igienico usarlo promiscuamente alla carne anziché cibarsi esclusivamente di esso ne' giorni magri, ammenoché non vi sentiate il bisogno di equilibrare il corpo per ripienezza di cibi troppo succolenti. Di più il pesce, in ispecie i così detti frutti di mare e i crostacei, per la quantità notevole d'idrogeno e di fosforo che contengono, sono eccitanti e non sarebbero indicati per chi vuol vivere in continenza.

Meglio è il servirsi per questo piatto di qualità diverse di pesce minuto; ma si può cucinare nella stessa maniera anche il pesce a taglio in fette sottili. Quando io l'ho fatto di sogliole e triglie, ho diviso le prime in tre parti. Dopo che avrete nettato, lavato e asciugato il pesce, ponetelo in un vaso di metallo o di porcellana che regga al fuoco e conditelo con un battuto d'aglio e prezzemolo, sale e pepe, olio, agro di limone e vino bianco buono.

Ponete in fondo metà del battuto con un po' d'olio, distendetegli sopra il pesce, e poi, versando dell'altro olio e il resto degli ingredienti, fate che il pesce vi sguazzi entro. Cuocetelo con fuoco sotto e sopra; se il vassoio è di porcellana posatelo sulla cinigia.

Non è piatto difficile a farsi e però vi consiglio di provarlo, persuaso che ve ne troverete contenti.

PESCE MARINATO

Sono parecchie le specie de' pesci che si possono marinare; ma io preferisco le sogliole e le anguille grosse. Se trattasi di sogliole friggetele prima nell'olio e salatele; se di anguilla tagliatela a pezzi lunghi circa mezzo dito e, senza spellarli, cuoceteli in gratella o allo spiedo. Quando hanno gettato il grasso conditeli con sale e pepe.

Prendete una cazzaruola e in essa versate, in proporzione del pesce, ace-to, sapa (che qui ci sta come il cacio su' maccheroni), foglie di salvia in-tere, pinoli interi, uva passolina, qualche spicchio d'aglio tagliato in due per traverso e del candito a pezzettini. Mancandovi la sapa supplite collo zucchero e assaggiate per correggere il sapore dell'aceto, se fosse troppo forte. Fate che questo composto alzi il bollore e poi versatelo sul pesce che avrete collocato in un tegame di terra, disteso in modo che il liquido lo investa da tutte le parti. Fategli spiccare un'altra volta il bollore col pesce dentro, poi coprite il vaso e riponetelo.

Quando lo servite in tavola prendetene quella quantità che vi abbisogna con un poco dei suo intinto, unendovi anche porzione degli ingredienti che vi sono. Se col tempo il pesce prosciugasse, rinfrescatelo con un al-tro poco di marinato. Anche l'anguilla scorpionata che è messa in com-mercio, potete prepararla in questa maniera.

PESCE LESSO

Non sarà male avvertire che si usa cuocere il pesce lesso nella seguente maniera: si mette l'acqua occorrente, non però in molta quantità, al fuo-co; si sala e prima di gettarvi il pesce si fa bollire per circa un quarto d'ora coi seguenti odori: un quarto o mezza cipolla, a seconda della quantità del pesce, steccata con due chiodi di garofani, pezzi di sedano e di carota, prezzemolo e due o tre fettine di limone; oppure (come alcuni credono meglio) si mette al fuoco con acqua diaccia e con gli odori indicati e, dopo cotto, si lascia in caldo nel suo brodo fino all'ora di servirlo. Con le fettine di limone strofinatelo prima tutto da crudo, che così rimane con la pelle più unita.

Il punto della cottura si conosce dagli occhi che schizzano fuori, dalla pelle che si distacca toccandola e dalla tenerezza che acquista il pesce bollendo. Mandatelo caldo in tavola, non del tutto asciutto dall'acqua in cui è stato cotto, e se desiderate vi faccia miglior figura, copritelo di prezzemolo naturale e collocatelo in mezzo a un contorno misto di bar-babietole cotte nell'acqua se piccole, o in forno se grosse, e di patate lesse, tanto le une che le altre tagliate a fette sottilissime perché prendano meglio il condimento; unite, infine, qualche spicchio di uova sode. Non facendogli il contorno potete servirlo con delle salse.

Si può anche mandare in tavola il pesce lesso decorato nella seguente maniera che farà di sé bella mostra. Tagliato a pezzetti e colmatone un vassoio, intonacarlo tutto di maionese e questa ornarla a disegno con filetti di acciughe salate e di capperi interi.

PESCE COL PANGRATTATO

Questo piatto, che può servire anche di tramesso, si fa specialmente quando rimane del pesce lessato di qualità fine. Tagliatelo a pezzetti, nettatelo bene dalle spine e dalle lische, poi ponetelo nella balsamella n. 137 e dategli sapore con sale quanto basta, parmigiano grattato e tartufi tagliati fini. Mancandovi questi ultimi, servitevi di un pizzico di funghi secchi rammolliti. Poi prendete un vassoio che regga al fuoco, ungetelo con burro e spolverizzatelo di pangrattato; versateci il composto e copritelo con un sottile strato pure di pangrattato. Per ultimo mettete sul mezzo del colmo un pezzetto di burro, rosolatelo al forno da campagna e servitelo caldo.

PESCE A TAGLIO IN UMIDO

Il pesce a taglio di cui potete servirvi per questo piatto di ottimo gusto, può essere il tonno, l'ombrina, il dentice o il ragno, chiamato impropriamente bronzino lungo le coste dell'Adriatico. Qualunque sia prendetene un pezzo di circa grammi 600 che potrà bastare per cinque persone.

Levategli le scaglie e, lavato ed asciugato, infarinatelo tutto e mettetelo a rosolare con poco olio. Levatelo asciutto, gettate via il poco olio rimasto e pulite la cazzaruola. Fate un battuto, tritato molto minuto, con mezza cipolla di mediocre grandezza, un pezzo di sedano bianco lungo un palmo e un buon pizzico di prezzemolo; mettetelo al fuoco con olio a sufficienza e conditelo con sale, pepe e un chiodo di garofano intero. Quando avrà preso colore fermatelo con molto sugo di pomodoro o conserva sciolta nell'acqua. Lasciatelo bollire un poco e poi collocateci il pesce per finirne la cottura, voltandolo spesso, ma vi prevengo di servirlo con molto del suo denso intinto onde vi sguazzi dentro.

PESCE SQUADRO IN UMIDO

Il pesce squadro o pesce angelo (Rhína Squatina) è affine alle razze per avere il corpo depresso. La sua pelle, aspra e resistente, serve per puli-mentare il legno e l'avorio e per foderare astucci, guaine di coltelli o di spade e cose simili. La sua carne è ordinaria, ma trattata nella seguente maniera riesce un piatto da famiglia non solo mangiabile, ma più che discretamente buono e di poca spesa, perché trovasi comune da noi.

Componete un battuto, tritato fine, con un buon pizzico di prezzemolo, mezza carota, un pezzo di sedano, mezzo spicchio d'aglio e, se il pesce fosse grammi 600 circa, cipolla quanto una grossa noce. Ponete il battuto al fuoco con olio in proporzione e quando sarà rosolato fermatelo con sugo di pomodoro o conserva sciolta in un mezzo bicchiere d'acqua. Conditelo con sale e pepe e collocateci sopra il pezzo del pesce che preferibilmente dev'essere dalla parte della coda, la quale è molto grossa. Cuocetelo adagio e quando sarà giunto a due terzi di cottura aggiungete, per legare la salsa e per dargli un gusto più delicato, un pezzetto di burro bene impiastricciato di farina e finite di cuocerlo.

NASELLO ALLA PALERMITANA

Prendete un nasello (merluzzo) del peso di grammi 500 a 600, tosategli tutte le pinne, eccetto quella della coda, lasciandogli la testa. Sparatelo lungo il ventre per levargli le interiora e la spina, spianatelo e conditelo con poco sale e pepe. Voltatelo dalla parte della schiena, ungetelo con olio, conditelo con sale e pepe, panatelo, poi collocatelo supino con due cucchiaiate d'olio sopra un vassoio che regga al fuoco o sopra una teglia.

Prendete tre grosse acciughe salate, o quattro, se sono piccole, nettatele dalle scaglie e dalle spine, tritatele e mettetele al fuoco con due cuc-chiaiate d'olio per disfarle, badando che non bollano. Con questa salsa spalmate il pesce nella parte di sopra, cioè sulla pancia e copritela tutta di pangrattato spargendovi sopra qualche foglia di ramerino, piacendovi. Cuocetelo fra due fuochi e fategli fare la crosticina, ma badate non riseschisca troppo, anzi perciò spargetegli sopra dell'altro olio e prima di levarlo strizzategli sopra un grosso mezzo limone. Credo potrà bastare per quattro o cinque persone se io servite in tavola contornato da crostini di caviale o di acciughe e burro.

ROTELLE DI PALOMBO IN SALSA

Il palombo (Mustelus) è un pesce della famiglia degli squali ossia de' pescicani, e perciò in alcuni paesi il palombo si chiama pescecane. Questa spiegazione serva per chi non sapesse cosa è il palombo, il quale prende grandi dimensioni e la sua carne è forse la migliore tra i pesci del sott'ordine dei selachi cui appartiene.

Prendete rotelle di palombo grosse mezzo dito; se le lavate, asciugatele dopo in un canovaccio, spellatele con un coltello che tagli bene, conditele con sale e pepe e tenetele per diverse ore in infusione nell'uovo frullato. Friggetele nell'olio, ma prima copritele di pangrattato rituffandole per due volte nell'uovo.

Ora fate la salsa componendola nella seguente maniera:

Prendete una teglia o un tegame largo ove possano star distese e nel medesimo ponete olio in proporzione, un pezzetto di burro intriso bene nella farina, la quale serve per legare la salsa, un pizzico di prezzemolo tritato, sugo di pomodoro, oppure conserva diluita coll'acqua e una presa di sale e pepe. Quando questa salsa avrà soffritto un poco sul fuoco, mettete nella medesima le rotelle di palombo, fritte, voltatele dalle due parti ed aggiungete acqua onde la salsa riesca liquida. Levatele dal fuoco, spargete sulle medesime un poco di parmigiano grattato e mandatele in tavola ove saranno molto lodate.

SOGLIOLE IN GRATELLA

Quando le sogliole (Solea vulgaris) sono grosse, meglio è cuocerle in gratella e condirle col lardo invece dell'olio; acquistano in questo modo un gusto più grato. Sbuzzatele, raschiatene le scaglie, lavatele e poi a-sciugatele bene. Dopo spalmatele leggermente di lardo vergine diaccio e che non sappia di rancido; conditele con sale e pepe ed involtatele nel pangrattato. Sciogliete in un tegamino un altro poco di lardo ed ungetele con una penna anche quando le rivoltate sulla gratella.

Le sogliole da friggere quando sono grosse, si possono spellare da am-bedue le parti o anche solo dalla parte scura, infarinandole e tenendole nell'uovo per qualche ora, prima di gettarle in padella.

Una singolarità di questo pesce, meritevole di essere menzionata, è che esso nasce, come tutti gli animali bene architettati, con un occhio a de-stra ed uno a sinistra; ma a un certo periodo della sua vita l'occhio che era nella parte bianca, cioè a sinistra, si trasporta a destra e si fissa come quell'altro nella parte scura. Le sogliole e i rombi nuotano collocati sul lato cieco. Alla sogliola, per la bontà e delicatezza della sua carne, i Francesi danno il titolo di pernice di mare; è un pesce facile a digerirsi, regge più di tanti altri alla putrefazione e non perde stagione. Si trova abbondante nell'Adriatico ove viene pescato di nottetempo con grandi reti a sacco, fortemente piombate alla bocca, le quali raschiando il fondo del mare sollevano il pesce insieme colla sabbia e col fango in cui giace.

Il rombo, la cui carne è poco dissimile da quella della sogliola ed anche più delicata, è chiamato fagiano del mare.

FILETTI DI SOGLIOLE COL VINO

Prendete sogliole che non sieno meno di grammi 150 ciascuna, levate loro la testa e spellatele. Poi con un coltello che tagli bene separate dalle spine la carne per ottenere quattro lunghi filetti per ogni sogliola od an-che otto se le sogliole fossero molto grosse. Con la costola del coltello batteteli leggermente e con la lama del medesimo spianateli per renderli sottili e così conciati lasciateli per diverse ore nell'uovo frullato condito con sale e pepe. involtateli poi nel pangrattato e friggeteli nell'olio. Dopo versate in un tegame o in una teglia, ove possano star distesi, un gocciolo di quell'olio rimasto nella padella e un pezzetto di burro, disponeteci sopra i filetti, conditeli ancora un poco con sale e pepe e quando avranno soffritto alquanto, bagnateli col vino bianco asciutto, fate bollire per cinque minuti insieme con un poco di prezzemolo tritato e serviteli con la salsa che hanno, spargendoci sopra un pizzico di parmigiano. È un piatto di molta comparita. Servitelo con spicchi di limone. Anche i naselli si possono cucinare nella stessa maniera.

La parola asciutto applicata al vino, in questo caso è di rigore perché al-trimenti la pietanza saprebbe troppo di dolce. Una sogliola di comune grandezza può servire per una persona.

CONTORNO DI FILETTI DI SOGLIOLE A UN FRITTO DELLO STESSO PESCE

Prendete un paio di sogliole mezzane oppure una sola, staccatene i filetti dopo averle spellate, che saranno quattro, e tagliateli per traverso a listarelle fini come fiammiferi. Se li tagliate in isbieco li otterrete alquanto più lunghi e sarà meglio. Metteteli in una scodella col sugo di un limone o più se occorre, e lasciateli così marinare per due o tre ore il che li farà irrigidire, ché altrimenti riuscirebbero mosci. Poco prima di servire in tavola asciugateli con un canovaccio, immergeteli nel latte, infarinateli, cercate che non facciano gomitolo e friggeteli nell'olio; poi salateli leggermente.

TRIGLIE COL PROSCIUTTO

Non è sempre vero il proverbio: Muto come un pesce, perché la triglia, l'ombrina e qualche altro, emettono suoni speciali che derivano dalle o-scillazioni di appositi muscoli, rafforzate da quelle dell'aria contenuta nella vescica natatoria.

Le triglie più grosse e saporose sono quelle di scoglio; ma per cucinarle in questa maniera, possono servire triglie di mezzana grandezza che nel-la regione adriatica chiamassi rossioli o barboni. Dopo averle nettate e lavate asciugatele bene con un canovaccio e poi ponetele in una scodella da tavola e conditele con sale, pepe, olio e agro di limone. Lasciatele così per qualche ora e quando sarete per cuocerle, tagliate tante fettine sottili di prosciutto grasso e magro larghe come le triglie e in quantità uguale al numero di esse. Prendete un vassoio o un tegame di metallo, spargete in fondo al medesimo qualche foglia di salvia intera, involtate bene le triglie nel pangrattato e disponetele in questa guisa: addossatele insieme ritte e frapponete le fettine di prosciutto fra l'una e l'altra, spargendovi sopra altre foglie di salvia.

Per ultimo versate sopra le medesime il condimento rimasto e cuocetele fra due fuochi. Se volete che questo piatto riesca più signorile, levate la spina alle triglie da crude aprendole dalla parte davanti, richiudendole poscia.

TRIGLIE IN GRATELLA ALLA MARINARA

Dopo averne estratto l'intestino, con la punta di un coltello, dalle bran-chie, lavatele ed asciugatele e nel posto dov'era l'intestino collocate un pezzetto d'aglio. Conditele con sale, pepe, olio, foglie di ramerino e la-sciatele così condite. Quando sarete per cuocerle involtatele nel pangrat-tato ed ungetele col condimento allorché saranno sul fuoco. Oppure, dopo averle nettate, lavate ed asciugate, conditele con poco sale e pepe e cuocetele così naturali a fuoco ardente. Collocate poi sul vassoio, conditele solo allora con olio, un altro po' di sale e pepe.

Servitele con spicchi di limone.

TRIGLIE DI SCOGLIO IN GRATELLA

Questo bellissimo pesce di color rosso vivace, che raggiunge il peso di 500 a 600 grammi, eccellente al gusto, si suole cuocere in gratella nella seguente maniera:

Conditelo con olio, sale e pepe, cuocetelo a fuoco ardente e quando lo levate spalmatelo così a bollore con un composto di burro, prezzemolo trito e agro di limone preparato avanti. Trattamento questo che può ser-vire anche per altri pesci grossi cotti in gratella.

Gli antichi Romani stimavano il pesce più delizioso della carne e le specie che maggiormente apprezzavano erano: lo storione, il ragno, la lampreda, la triglia di scoglio e il nasello pescato nel mar della Siria senza annoverar le murene che alimentavano in modo grandioso in appositi vivai e che nutrivano anche con la carne dei loro schiavi.

Vedio Pollione, noto nella storia per la sua ricchezza e per la sua crudel-tà, mentre cenava con Augusto comandò fosse gettato nel vivaio, alle murene, uno sventurato servo che aveva rotto disavvedutamente un bicchiere di cristallo. Augusto, ai cui piedi cadde lo schiavo, invocando la sua intercessione, poté salvarlo a stento con un ingegnoso suo stratta-gemma.

Le triglie grosse di scoglio, che raggiungevano il peso non mica di soli grammi 500 a 600, come dico più sopra, ma perfino di 4 a 6 libbre, erano stimate assai e pagate a prezzi altissimi, favolosi. La mollezza dei costumi e la golosità avendo nei Romani raffinato il senso del gusto, studiavansi di appagarlo con le vivande più delicate e perciò avevano inventata una certa salsa chiamata gareleo nella quale disfacevano e stemperavano la coratella di questo grosso pesce per intingervi la carne del medesimo.

TRIGLIE ALLA LIVORNESE

Fate un battutino con aglio, prezzemolo e un pezzo di sedano; mettetelo al fuoco con olio a buona misura e quando l'aglio avrà preso colore, unitevi pomodori a pezzi e condite con sale e pepe. Lasciate che i pomodori cuociano bene, rimestateli spesso e passatene il sugo. In questo sugo collocate le triglie e cuocetele. Se sono piccole non hanno bisogno d'esser voltate e se il vaso dove hanno bollito distese non è abbastanza decente prendetele su a una a una per non romperle e collocatele in un vassoio.

Poco prima di levarle dal fuoco fioritele leggermente di prezzemolo tri-tato.

La pesca di questo pesce è più facile e più produttiva di giorno che di notte e la sua stagione, quando cioè è più grasso, è, come si disse, il set-tembre e l'ottobre.

Triglie alla viareggina

Se le triglie fossero in quantità di circa mezzo chilogrammo fate un bat-tutino con due spicchi d'aglio e un buon pizzico di prezzemolo. Mettetelo al fuoco con olio a buona misura in un tegame o in una teglia ove le triglie possano star distese e quando il soffritto sarà rosolato fermatelo con sugo di pomodoro semplice. Lasciate bollire alquanto, poi collocateci le triglie rivoltandole nell'intinto a una a una. Copritele e fatele bollire adagio e quando avranno ritirato buona parte dell'umido versateci un dito (di bicchiere) di vino rosso annacquato con due dita di acqua.

Fatele bollire ancora un poco e servitele.

Tonno fresco

Il tonno, pesce della famiglia degli sgombri, è proprio del bacino medi-terraneo. In certe stagioni abita le parti più profonde del mare, in altre invece si accosta alle spiagge, ove ha luogo la pesca che riesce abbon-dantissima. La sua carne, per l'oleosità che contiene, rammenta quella del maiale, e perciò non è di facile digestione. Si vuole che si trovino dei tonni il cui peso raggiunga fino i 500 chilogrammi. La parte più tenera e delicata di questo pesce è la pancia, che in Toscana chiamasi sorra.

Tagliatelo a fette grosse mezzo dito e mettetelo al fuoco, sopra un ab-bondante soffritto d'aglio, prezzemolo e olio, quando l'aglio comincia a prender colore. Conditelo con sale e pepe, voltate le fette dalle due parti e, a mezza cottura, aggiungete sugo di pomodoro o conserva sciolta nell'acqua. Cotto che sia levatelo asciutto e nel suo sugo cuocete i piselli, poi rimettetelo sopra i medesimi per riscaldarlo e mandatelo in tavola con questo contorno.

Tonno in gratella

Tagliatelo a fette come il precedente, ma preferite la sorra; conditelo con olio, sale e pepe, involgetelo nel pangrattato e cuocetelo, servendolo con spicchi di limone.

Tonno sott'olio in salsa alla bolognese

Prendete un pezzo tutto unito di tonno sott'olio del peso di grammi 150, mettetelo al fuoco con acqua bollente e fatelo bollire adagio per mezz'ora cambiandogli l'acqua ogni dieci minuti, cioè tre volte. Frattanto fate un battuto tritato fine con mezza cipollina di quelle indicate al n. 409, un quarto di spicchio d'aglio, due costole di sedano bianco lunghe un palmo ciascuna, un bel pezzo di carota e un pugno abbondante di prezzemolo.

Ponetelo al fuoco con tre cucchiaiate d'olio e grammi 15 di burro e quando avrà preso colore fermatelo con due dita (di bicchiere) d'acqua e lasciatelo bollire un poco. Il tonno, diaccio che sia, tagliatelo a fette più sottili che potete e, preso un tegame, distendetelo nel medesimo a strati, intercalandolo con la salsa e grammi 15 di burro sparso a pezzetti. Fategli alzare il bollore al fuoco per liquefare il burro, strizzategli sopra mezzo limone e servitelo caldo. Potrà bastare per quattro persone come principio a una colazione di magro o come tramesso a un desinare di famiglia e non è piatto da disprezzarsi, perché non aggrava né anche molto lo stomaco.

ARIGUSTA

L'aragosta o arigusta è un crostaceo dei più fini e delicati, comune sulle coste del Mediterraneo. È indizio della freschezza e della buona qualità delle ariguste, degli astaci e de' crostacei in genere, il loro peso in pro-porzione della grossezza; ma sempre è da preferirsi che siano vivi anco-ra, o almeno che diano qualche segno di vitalità, nel qual caso si usa ri-piegare la coda dell'arigusta alla parte sottostante e legarla avanti di get-tarla nell'acqua bollente per cuocerla.

A seconda della sua grossezza fatela bollire dai 30 ai 40 minuti; ma pri-ma aromatizzate l'acqua in cui deve bollire con un mazzetto composto di cipolla, carote, prezzemolo e due foglie d'alloro, aggiungendo a questo due cucchiai di aceto e un pizzico di sale. Lasciate che l'arigusta diacci nel suo brodo e quando la levate, sgrondatela dall'acqua strizzandone la coda e dopo averla asciugata strofinatela con qualche goccia d'olio per renderla lucida.

Mandatela in tavola con una incisione dal capo alla coda per poterne e-strarre facilmente la polpa e, se non si volesse mangiare condita sempli-cemente con olio e agro di limone, accompagnatela con la salsa maionese o con altra salsa piccante; ma potete servirla pur anche con una salsa fatta con lo stesso pesce nel seguente modo:

Levate la polpa della testa e questa tritatela ben fine con un rosso d'uovo assodato e alcune foglie di prezzemolo. Ponete il composto in una salsiera, conditelo con pepe, poco o punto sale e diluitelo con olio fine e l'agro di mezzo limone, o aceto.

COTOLETTE DI ARIGUSTA

Prendete un'arigusta del peso di grammi 650 circa, lessatela come è indicato nella ricetta precedente, poi sgusciatela per estrarne tutta la parte interna che triterete all'ingrosso con la lunetta. Fate una balsamella e quando la ritirate dal fuoco gettateci dentro l'arigusta, salatela e dopo aver mescolato bene il composto, versatelo in un piatto e lasciatelo, per qualche ora, raffreddar bene

Quando sarete per formare le cotolette dividete il composto in dieci parti eguali e facendole toccare il pangrattato modellatele fra la palma delle mani alla grossezza un po' più di mezzo dito; tuffatele nell'uovo frullato, panatele ancora e friggetele nell'olio. Delle lunghe corna dell'arigusta fatene dieci pezzi che infilerete nelle cotolette quando le mandate in tavola onde facciano fede della nobile materia di cui le cotolette sono composte. Possono bastare per cinque persone ed è un piatto molto delicato.

CONCHIGLIE RIPIENE

È un piatto delicato di pesce che può servire per principio a una colazione.

I gusci delle conchiglie marine per quest'uso devono essere, nella parte concava, larghi quanto la palma di una mano onde ognuno, col contenuto suo, possa bastare a una persona. Appartengono al genere Pecten Iacobaeus, Pettine, detto volgarmente cappa santa perché si usava dai pellegrini. La carne di questa conchiglia, buona a mangiarsi, è molto apprezzata pel suo delicato sapore. In qualche casa signorile usansi conchiglie d'argento e allora possono servire anche per gelati, ma in questo caso, trattandosi di pesce, mi sembrano più opportune quelle naturali marine.

Prendete la polpa di un pesce fine lessato, benché possa prestarsi anche il nasello, il muggine e il palombo, e con questa dose, che potrà bastare per riempire sei conchiglie, formate il seguente composto:

    Pesce lesso, grammi 130.

    Parmigiano grattato, grammi 20.

    Farina, grammi 20.

Burro, grammi 20.

Rossi d'uovo, n. 2.

Latte, decilitri 2 ½.

Fate una balsamella col latte, il burro e la farina e quando la ritirate dal fuoco uniteci il parmigiano e, non più a bollore, i rossi d'uovo e il pesce tritato, condendolo con sale e pepe. Versatelo nelle conchiglie unte prima col burro diaccio, rosolatelo appena nel forno da campagna e servitelo.

Si potrebbero riempir le conchiglie anche con la polpa del pollo lesso tritato conservando le stesse proporzioni.

STORIONE

Mi permetta il lettore di fare un po' di storia su questo pesce interessan-tissimo.

Lo storione appartiene all'ordine dei Ganoidi, da Ganus che vuol dire lucente, per la lucentezza delle squame, e al sott'ordine dei Chondrostei per avere lo scheletro cartilagineo. Costituisce la famiglia degli Acipen-ser che si qualifica appunto per questi due distintivi e per la pelle a cin-que serie longitudinali di placche a smalto. È un pesce che ha la bocca posta alla faccia inferiore del capo, priva di denti e in forma di succhia-toio protrattile, con cirri nasali ossia tentacoli, per cercare sotto le acque, nel fango, il nutrimento che pare consista di piccoli animalucci.

Sono animali molto in pregio per le loro carni, per le uova che costitui-scono il caviale e per l'enorme vescica natatoria con cui si forma l'ittio-colla o colla di pesce. In primavera rimontano i fiumi per deporre le uova in luoghi tranquilli lungo le sponde.

L'Italia ne alberga diverse specie, la più stimata delle quali, come cibo, è l'Acipenser sturio (storione comune); lo si riconosce pel muso acuto, pel labbro inferiore carnoso e nel mezzo diviso, non che pei cirri nasali semplici e tutti eguali tra loro. Frequenta a preferenza le foci del Ticino e del Po ove, non è gran tempo, ne fu pescato uno che pesava Kg. 215; ma la specie che prende maggior sviluppo è l'Acipenser huso, il quale raggiunge fino a due metri e più di lunghezza, con ovaia grandi un terzo dell'animale, ed è questa particolarmente che somministra il caviale e l'ittiocolla. Il primo è formato dalle uova crude degli storioni, passate per setaccio onde levarne i filamenti che le inviluppano, indi salate e fortemente compresse; la seconda preparasi sulle spiagge del mar Caspio o sulle coste dei fiumi che vi sboccano, ma più che altrove ad Astrachan. Non farà meraviglia la quantità straordinaria che se ne trova in commercio (servendo l'ittiocolla a molti usi) se si considera che talvolta nel Volga si pescano da quindici a ventimila storioni al giorno; e di là, cioè dalle provincie meridionali della Russia, ci viene anche il caviale. Fu annunziato che dei pescatori dei Danubio presero, non ha guari, uno storione del peso di otto quintali e che la spoglia di questo enorme pesce, lungo metri 3,30, figura nel Museo di Vienna.

Fra le specie estinte si annovera il Magadictis, che raggiungeva la lun-ghezza di 10 a 12 metri.

Storione in fricandò

Lo storione è buono in tutte le maniere: lesso, in umido, in gratella. Quanto all'umido, potete trattarlo nel seguente modo: prendetene un pezzo grosso del peso almeno di grammi 500, spellatelo e steccatelo con lardelli di lardone conditi avanti con sale e pepe; poi legatelo in croce, infarinatelo, mettetelo al fuoco con olio e burro e conditelo ancora con sale e pepe. Quando sarà rosolato da tutte le parti bagnatelo con brodo per tirarlo a cottura e prima di levarlo strizzategli sopra un limone per mandarlo in tavola col suo sugo.

Acciughe alla marinara

Questo piccolo pesce dalla pelle turchiniccia e quasi argentata, conosciuto sulle spiagge dell'Adriatico col nome di sardone, differisce dalla sarda o sardella in quanto che questa è stiacciata, mentre l'acciuga è rotonda e di sapor più gentile. Ambedue le specie appartengono alla stessa famiglia, e quando son fresche, ordinariamente si mangiano fritte. Le acciughe però sono più appetitose in umido con un battutino d'aglio, prezzemolo, sale, pepe e olio; quando son quasi cotte si aggiunge un po' d'acqua mista ad aceto.

Già saprete che i pesci turchini sono i meno digeribili fra le specie vertebrate.

Acciughe fritte

Se volete dare più bell'aspetto alle acciughe e alle sardine fritte, dopo aver levata loro la testa e averle infarinate, prendetele a una a una per la coda, immergetele nell'uovo sbattuto e ben salato, poi di nuovo nella farina, e buttatele in padella nell'olio a bollore. Meglio ancora se, essendo grosse, le aprite per la schiena incidendole con un coltello di taglio fine e levate loro la spina, lasciandole unite per la coda.

SARDE RIPIENE

Per questo piatto ci vogliono sarde delle più grosse.

Prendetene da 20 a 24 che tante bastano per la quantità del ripieno qui sotto descritto. Le sarde lavatele, togliete loro la testa, e con le dita spa-ratele dalla parte del buzzo per estrarne la spina.

Formate un composto con:

Midolla di pane, gr. 30;

acciughe salate, n. 3;

un rosso d'uovo;

mezzo spicchio d'aglio;

un pizzico di regamo.

La midolla di pane inzuppatela nel latte e poi strizzatela. Le acciughe nettatele dalle scaglie e dalla spina, e poi tritate e mescolate ogni cosa insieme servendovi per ultimo della lama di un coltello per ridurre il composto ben fine. Spalmate con esso le sarde e richiudetele; indi tuffatele ad una ad una nella chiara d'uovo rimasta, dopo averla sbattuta, avvolgetele nel pangrattato, friggetele nell'olio, salatele alquanto e servitele con spicchi di limone.

BROCCIOLI FRITTI

Se vi trovate sulla montagna pistoiese in cerca di clima fresco, di aria pura e di paesaggi incantevoli, chiedete i broccioli, un pesce d'acqua dolce, dalla forma del ghiozzo di mare e di sapore delicato quanto ed anche più della trota. Una signora di mia conoscenza, dopo una lunga passeggiata per quelle montagne, trovava tanto buone le polpette del prete di Piansinatico che le divorava.

TOTANI IN GRATELLA

I totani (Loligo) appartengono all'ordine de' cefalopodi e sono conosciuti nel litorale adriatico col nome di calamaretti. Siccome quel mare li produce piccoli, ma polputi e saporiti, cucinati fritti, sono giudicati dai buongustai un piatto eccellente. Il Mediterraneo, messe a confronto le stesse specie, dà pesce più grosso, ed ho visto de' totani dell'apparente peso di grammi 200 a 300; ma non sono sì buoni come quelli dell'Adriatico. Questi, anche tagliati a pezzi, riuscirebbero duri in frittura, quindi meglio è cuocerli in gratella ripieni, oppure, se sono grossissimi, in umido. Questo pesce racchiude nell'interno una lamina allungata flessibile, la penna, ch'altro non è se non un rudimento di conchiglia che va tolto prima di riempirlo.

Tagliate al totano i tentacoli, che sono le sue braccia lasciandogli il sacco e la testa, e tritateli colla lunetta insieme con prezzemolo e pochissimo aglio. Mescolate questo battutino con molto pangrattato, conditelo con olio, pepe e sale, e servitevi di tal composto per riempire il sacco del pesce; per chiudere la bocca del detto sacco infilzatela con uno stecchino, che poi leverete. Conditelo con olio, pepe e sale e cuocetelo, come si è detto, in gratella.

Se vi trovate a Napoli non mancate di fare una visita all'Acquario nei giardini della Villa Nazionale ove, fra le tante meraviglie zoologiche, osserverete con piacere questo cefalopodo di forme snelle ed eleganti nuotare e guizzare con moltissima grazia ed ammirerete pur anche la sveltezza e la destrezza che hanno le sogliole di scomparire a un tratto fra la sabbia, di cui si ricoprono, per occultarsi forse al nemico che le insegue.

Tornando ai calamaretti, che è un pesce alquanto indigesto, ma ottimo in tutte le stagioni dell'anno, dopo aver loro levata la penna e strizzati gli occhi, lavateli, asciugateli, infarinateli e friggeteli nell'olio: ma avvertite non vi passino di cottura, la qual cosa è facile se non si sta molto attenti. Streminziscono allora e si rendono ancora più indigesti. Conditeli caldi con sale e pepe.

CICALE RIPIENE

Non crediate che voglia parlarvi delle cicale che cantano su per gli albe-ri; intendo dire invece di quel crostaceo, squilla (Squilla mantis), tanto comune nell'Adriatico e colà cognito col nome di cannocchia.

È un crostaceo sempre gustoso a mangiarsi; ma migliore assai quando in certi mesi dell'anno, dalla metà di febbraio all'aprile, è più polputo del solito, e racchiude allora un cannello rosso lungo il dorso, detto volgarmente cera o corallo, il quale non è altro che il ricettacolo delle uova di quel pesce. È buono lesso, entra con vantaggio, tagliato a pezzi, nella composizione di un buon cacciucco ed eccellente è in gratella, condito con olio, pepe e sale; se lo aggradite anche più appetitoso, sparatelo lungo il dorso, riempitelo con un battutino di pangrattato, prezzemolo e odore d'aglio e condite tanto il ripieno che il pesce con olio, pepe e sale.

CICALE FRITTE

Alla loro stagione, cioè quando hanno la cera, com'è detto al numero precedente, si possono friggere nel seguente modo e ne merita il conto.

Dopo averle lavate, lessatele in poca acqua, coperte da un pannolino con un peso sopra; 15 minuti di bollitura ritengo siano sufficienti. Sbucciatele dopo cotte e, messa a nudo la polpa, tagliatela in due pezzi, infarinatela, doratela nell'uovo frullato e salato, e friggetela nell'olio.

CICALE IN UMIDO

Se non vi rincresce di adoperare le unghie, d'insudiciarvi le dita e di bucarvi fors'anche le labbra, eccovi un gustoso e piacevole trastullino.

Prima di cuocerle tenete le cicale nell'acqua fresca, che così non iscola-no, anzi rigonfiano. Fate un battuto con aglio, prezzemolo e olio; rosolato che sia collocateci le cicale intere e conditele con sale e pepe. Quando avranno preso il condimento bagnatele con sugo di pomodoro o conserva e servitele sopra a fette di pane asciugate al fuoco. Prima di mandarle in tavola fate loro un'incisione con le forbici lungo il dorso per poterle sbucciare più facilmente.

SPARNOCCHIE

Le cicale mi rammentano le sparnocchie che, a prima vista, le rassomi-gliano; ma esaminato bene questo crostaceo ha la forma di un grosso gambero di mare del peso comunemente di 50 o 60 grammi. È di sapore più delicato dell'arigusta e, come questa, si usa mangiarlo lesso; ma perché non perda sapore meglio è di arrostirlo in gratella, senza condimento alcuno, e dopo sgusciarlo e condirlo con olio, pepe, sale ed agro di limone. Le sparnocchie piccole si possono anche, come i gamberi, infarinare e friggerle così naturali, oppure nel modo indicato per le cicale.

ANGUILLA

L'Anguilla vulgaris è un pesce dei più singolari. Benché il valligiano di Comacchio pretenda di conoscere, da certi caratteri esterni, il maschio e la femmina non si è riusciti ancora per quanto lo si sia studiato, a distinguerne il sesso, forse perché la borsa spermatica del maschio è simile all'ovario della femmina.

L'anguilla comune abita le acque dolci; ma per generare ha bisogno di scendere in mare. Questa discesa, che chiamasi la calata, ha luogo nelle notti oscure e principalmente nelle burrascose dei mesi di ottobre, no-vembre e dicembre, e n'è allora più facile ed abbondante la pesca. Le anguille neonate lasciano il mare ed entrano nelle paludi o nei fiumi verso la fine di gennaio e in febbraio, e in questo ingresso, che dicesi la montata, vengono pescate alla foce de' fiumi in gran quantità col nome di cieche e la piscicoltura se ne giova per ripopolare con esse gli stagni ed i laghi, nei quali, se manca la comunicazione con le acque salse del mare, non si possono riprodurre.

Recenti studi nello stretto di Messina hanno rilevato che questo pesce, e i murenoidi congeneri, hanno bisogno di deporre le uova negli abissi del mare a una profondità non minore di 500 metri, e che, a similitudine delle rane, subiscono una metamorfosi. Il Leptocephalus brevirostris che ha l'aspetto di una foglia di oleandro, trasparente come il vetro, ritenuto finora una specie a sé, non è che il primo periodo di vita, la larva di questo essere, che poi si trasforma in anguilla capillare, le così dette cieche le quali quando rimontano i fiumi in cerca delle acque dolci, non sono lunghe mai meno di cinquanta millimetri. Delle vecchie anguille poi, che sono scese al mare, non si sa che ne avvenga; forse restando nella profonda oscurità degli abissi marini, muoiono sotto a quella enorme pressione, o si modificano per adattarsi all'ambiente in cui si trovano.

Un'altra singolarità dei murenoidi in genere è quella del loro sangue, che iniettato nel torrente della circolazione dell'uomo è velenoso e mortale, mentre cotto e mangiato è innocuo.

L'anguilla, per la conformazione speciale delle sue branchie, a semplice fessura, per la sua forma cilindrica e per le squamme assai minute e delicate può vivere molto tempo fuori dell'acqua: ma ogni qualvolta si sono incontrate a strisciar sulla terra, il che avviene specialmente di notte, si sono viste proceder sempre nella direzione di un corso d'acqua, per tramutarsi forse da un luogo ad un altro, o per cercare, nei prati circostanti alla loro dimora, il cibo che consta di piccoli animali.

Sono celebri le anguille delle valli di Comacchio, paese della bassa Ro-magna, il quale si può dire viva della pesca di questo pesce che, fresco o marinato, si spaccia non solo in Italia, ma si spedisce anche fuori. È così produttivo quel luogo che in una sola notte buia e burrascosa dell'ottobre 1905 furono pescati chilogrammi 150.000 di anguille, e più meraviglioso ancora è il risultato finale della pesca di quell'annata che troverete descritto alla ricetta n. 688.

In alcuni luoghi d'Italia chiamassi capitoni quando son grosse, e bisatti quando son piccole ed abitano tutti i fiumi di Europa meno quelli che si versano nel Mar Nero, non eccettuato il Danubio e i suoi affluenti.

La sola differenza di forma tra l'anguilla d'acqua dolce e quella di mare, conosciuta col nome di conger o congro, è che la prima ha la mascella superiore più breve dell'inferiore e l'individuo prende meno sviluppo, imperocché trovansi dei conger fin di tre metri di lunghezza. Forse, da questo grosso pesce serpentiniforme, è derivata la favola del serpente di mare, sostenuta un tempo anche da persone degne di fede che ne esage-ravano la grandezza, probabilmente per effetto di allucinazione.

ANGUILLA ARROSTO

Potendo, preferite sempre le anguille di Comacchio che sono le migliori d'Italia se non le superano quelle del lago di Bolsena rammentate da Dante.

Quando l'anguilla è grossa e si voglia cuocere allo spiedo è meglio spel-larla. Tagliatela a rocchi lunghi tre centimetri ed infilateli tra due crostini con qualche foglia di salvia oppure di alloro se non temete che questo, pel suo odore troppo acuto, vi torni a gola. Cuocetela in bianco a fuoco moderato e per ultimo datele una bella fiammata per farle fare la crosti-cina croccante. Per condimento sale soltanto e spicchi di limone quando si manda in tavola.

L'anguilla mezzana, a parer mio, riesce più gustosa cotta in gratella con la sua pelle, la quale, rammollita con agro di limone quando è portata in tavola, può offrire, succhiandola, un sapore non sgradito. Per condimento sale e pepe soltanto. I Comacchiesi, per la gratella adoperano anguille mezzane, le spellano se sono un po' grosse, le ripuliscono soltanto se sottili, le inchiodano con la testa sopra un'asse, le sparano con un coltello tagliente, levano la spina e così aperte con le due mezze teste, le mettono in gratella, condite solo di sale e pepe a mezza cottura. Le mangiano bollenti.

L'anguilla richiede nel pasteggiare vino rosso ed asciutto.

Anguille alla fiorentina

Prendete anguille di mezzana grandezza, sbuzzatele e spellatele prati-cando una incisione circolare sotto alla testa, che terrete ferma con un canovaccio onde non isgusci per l'abbondante mucosità di questo pesce, e tirate giù la pelle che verrà via tutta intera. Allora tagliatela a pezzi lunghi un dito o poco meno, che condirete con olio, sale e pepe, lasciandoli stare per un'ora o due.

Per cuocerle servitevi di una teglia o di un tegame di ferro, copritene il fondo con un velo d'olio, due spicchi d'aglio interi e foglie di salvia; fate soffriggere per un poco e, presi i pezzi dell'anguilla uno alla volta, involgeteli nel pangrattato e disponeteli nel tegame uno accanto all'altro versando lor sopra il resto del condimento. Cuoceteli fra due fuochi e quando avranno preso colore, versate nel tegame un gocciolo d'acqua.

La carne di questo pesce, assai delicato e gustoso, riesce alquanto indi-gesta per la sua soverchia oleosità.

Anguilla in umido

Meglio è che per questo piatto le anguille sieno grosse anzi che no, e, senza spellarle, tagliatele a pezzetti corti. Tritate un battuto piuttosto ge-neroso di cipolla e prezzemolo, mettetelo al fuoco con poco olio, pepe e sale e quando la cipolla avrà preso colore gettateci l'anguilla. Aspettate che abbia succhiato il sapore del soffritto per tirarla a cottura con sugo di pomodoro o conserva sciolta nell'acqua. Procurate che vi rimanga dell'intinto in abbondanza se volete servirla in tavola sopra a crostini di pane arrostito appena. Sentirete un manicaretto delicato, ma non confa-cente a tutti gli stomachi.

Anguilla col vino

Prendete un'anguilla di circa mezzo chilogrammo, o più d'una, dello stesso peso in complesso, non essendo necessario per questo piatto che sieno grosse; strofinatele con la rena per nettarle dalla mucosità, lavatele e tagliatele a rocchi. Ponete in un tegame uno spicchio d'aglio tagliato a fettine, tre o quattro foglie di salvia tritata all'ingrosso, la corteccia di un quarto di limone e non molto olio. Mettetelo al fuoco e, quando il soffritto avrà preso colore, collocateci le anguille e conditele con sale e pepe. Allorché l'umido comincia a scemare andate scalzandole con la punta di un coltello onde non si attacchino e rosolate che sieno versateci sugo di pomodoro o conserva, e rivoltatele. Rosolate anche dall'altra parte, versateci un buon dito di vino rosso o bianco asciutto mischiato a due dita d'acqua, copritele e lasciatele finir di cuocere a fuoco lento. Mandatele in tavola con alquanto del loro intinto e servitele a quattro persone, a cui potranno bastare.

ANGUILLA IN UMIDO ALL'USO DI COMACCHIO

I Comacchiesi non fanno mai uso d'olio per condir l'anguilla in qualunque modo essa venga cucinata, il che si vede anche da questo umido che potrebbe pur chiamarsi zuppa o cacciucco di anguille. Infatti codesto pesce contiene tanto olio in sé stesso che l'aggiungerne guasta anziché giovare. La prova fattane avendo corrisposto alla ricetta favoritami, ve la descrivo tal quale.

«Per un chilogrammo di anguille prendete tre cipolle, un sedano, una bella carota, prezzemolo e la buccia di mezzo limone. Tagliate tutto, meno il limone, a pezzi grossi e fate bollire con acqua, sale e pepe. Tagliate le anguille a rocchi, lasciando però i rocchi uniti tra loro da un lembo di carne. Prendete un pentolo adatto e fategli in fondo uno strato di anguilla cui sopraporrete uno strato delle verdure dette di sopra e quasi cotte (gettando via il limone), poi un altro strato d'anguilla, un altro di verdura, ecc., fin che ce ne cape. Coprite tutto coll'acqua dove le verdure bollirono; mettete il pentolo ben turato a bollire adagio, scuotendolo, girandolo, ma non frugando mai col mestolo perché spappolereste ogni cosa. Noi usiamo circondare il pentolo di cenere e brace fin più che a mezzo, davanti a un fuoco chiaro di legna, sempre scuotendo e girando. Quando i rocchi, che erano uniti per un lembo, si staccano l'un dall'altro, son presso che cotti. Aggiungete allora un buon cucchiaio di aceto forte, conserva di pomodoro e assaggiate il brodo per correggerlo di sale e di pepe (siate generosi); fate dare altri pochi bollori e mandate magari il pentolo in tavola, perché è vivanda di confidenza. Servite in piatti caldi, su fette di pane». Avverto io che qui si tratta di anguille mezzane e non ispellate, che le cipolle, se sono grosse, due bastano e che due bicchieri d'acqua saranno sufficienti per cuocere le verdure. Le fette del pane sarà bene di asciugarle al fuoco senza arrostirle.

Anguilla coi piselli

Mettetela in umido come quella del n. 493 e quando è cotta levatela a-sciutta per cuocere i piselli nel suo intinto. Rimettetela poi fra i medesi-mi per riscaldarla e servitela. Qui non ha luogo sugo di pomodoro, ma acqua se occorre.

Cefali in gratella

Le anguille di Comacchio richiamano alla memoria i cefali abitatori del-le stesse valli i quali, quando sono portati ai mercati verso la fine di au-tunno, sono belli, grassi e di ottimo sapore. I Comacchiesi li trattano nella seguente maniera che persuade. Levano a questo pesce le scaglie e le branchie ma non li sbuzzano perché le interiora, come nella beccaccia, dicono che sono il meglio. Li condiscono con sale e pepe soltanto, e li pongono sulla gratella a fuoco ardente. Cotti che siano li mettono tra due piatti caldi non lontani dal fuoco per cinque minuti. Al momento di servirli rivolgono i piatti, che quel di sopra vada sotto e il grasso colato rimanga così sparso e steso sopra il pesce, mandandolo in tavola con limone da strizzare.

Telline o arselle in salsa d'uovo

Le arselle non racchiudono sabbia come le telline e però a quelle basta una buona lavatura nell'acqua fresca.

Tanto le une che le altre mettetele al fuoco con un soffritto di aglio, olio, prezzemolo e una presa di pepe, scuotetele e tenete coperto il vaso onde non si prosciughino. Levatele quando saranno aperte ed aggraziatele con la seguente salsa: uno o più rossi d'uovo, secondo la quantità, agro di limone, un cucchiaino di farina, brodo e un po' di quel sugo uscito dalle telline. Cuocetela ad uso crema e versatela sulle medesime quando le mandate in tavola.

Io le preferisco senza salsa e le fo versare sopra fette di pane asciugate al fuoco. Così si sente più naturale il gusto del frutto di mare. Per la stessa ragione non lo mettere il pomodoro nel risotto con le telline.

Arselle o telline alla livornese

Fate un battutino di cipolla e mettetelo al fuoco con olio e una presa di pepe. Quando la cipolla avrà preso colore unite un pizzico di prezzemolo tritato non tanto fine e dopo poco gettateci le arselle o le telline con sugo di pomodoro o conserva. Scuotetele spesso e quando saranno aperte, versatele sopra a fette di pane arrostito, preparate avanti sopra un vassoio. Le arselle così cucinate sono buone; ma, a gusto mio, sono inferiori a quelle del numero precedente.

SEPPIE COI PISELLI

Fate un battuto piuttosto generoso con cipolla, uno spicchio d'aglio e prezzemolo. Mettetelo al fuoco con olio, sale e pepe, e quando avrà preso colore passatelo da un colino strizzando bene. In questo soffritto gettate le seppie tagliate a filetti, ma prima nettatele com'è indicato al n. 74, bagnatele con acqua, se occorre, e quando saranno quasi cotte versate i piselli grondanti dall'acqua fresca in cui li avrete tenuti in molle.

TINCHE ALLA SAUTÉ

Questo pesce (Tinca vulgaris) della famiglia dei ciprinoidi, ossia dei carpi, benché si trovi anche ne' laghi e ne' fiumi profondi, abita di preferenza, come ognuno sa, le acque stagnanti dei paduli; ma ciò che ignorasi forse da molti si è che esso, nonché il carpio, offrono un esempio della ruminazione fra i pesci. Il cibo arrivato nel ventricolo è rimandato nella faringe coi movimenti antiperistaltici e dai denti faringei, speciali a quest'uso, ulteriormente sminuzzato e triturato.

Prendete tinche grosse (nel mercato di Firenze vendonsi vive e sono, nella loro inferiorità fra i pesci, delle migliori), tagliate loro le pinne, la testa e la coda; apritele per la schiena, levatene la spina e le lische e di-videtele in due parti per il lungo. Infarinatele, poi tuffatele nell'uovo frullato, che avrete prima condito con sale e pepe; involgetele nel pangrattato, ripetendo per due volte quest'ultima operazione. Cuocetele nella sauté col burro e servitele in tavola con spicchi di limone e con un contorno di funghi fritti, alla loro stagione.

Qui viene opportuno indicare il modo di togliere o attenuare il lezzo dei pesci di padule. Si gettano nell'acqua bollente, tenendovoli alcuni minuti finché la pelle comincia a screpolare, e si rinfrescano poi nell'acqua diaccia prima di cuocerli. Questa operazione è chiamata dai francesi limoner, da limon, fango.

PASTICCIO DI MAGRO

Mancherei a un dovere di riconoscenza se non dichiarassi che parecchie ricette del presente volume le devo alla cortesia di alcune signore che mi favorirono anche questa, la quale, benché in apparenza accenni ad un vero e proprio pasticcio, alla prova è riuscita degna di figurare in qualunque pranzo, se eseguita a dovere.

>Un pesce del peso di grammi 300 a 350.
>
>Riso, grammi 200.
>
>Funghi freschi, grammi 150.
>
>Piselli verdi, grammi 300.
>
>Pinoli tostati, grammi 50.
>
>Burro, quanto basta.
>
>Parmigiano, idem.
>
>Carciofi, n. 6.
>
>Uova, n. 2.

Cuocete il riso con grammi 40 di burro e un quarto di cipolla tritata, sa-latelo, e quando è cotto con l'acqua occorrente legatelo con le dette uova e grammi 30 di parmigiano.

Fate un soffritto con cipolla, burro, sedano, carota e prezzemolo e in esso cuocete i funghi tagliati a fette, i piselli, e i carciofi tagliati a spicchi e mezzo lessati. Tirate queste cose a cottura con qualche cucchiaiata d'acqua calda e conditele con sale, pepe e gr, 50 di parmigiano grattato quando le avrete ritirate dal fuoco.

Cuocete il pesce, che può essere un muggine, un ragno o anche pesce a taglio, in un soffritto d'olio, aglio, prezzemolo, sugo di pomodoro o conserva e conditelo con sale e pepe. Levate il pesce, passate il suo intinto e in questo sciogliete i pinoli che prima avrete abbrustoliti e pestati. Togliete al pesce la testa, la spina e le lische, tagliatelo a pezzetti, rimettetelo nel suo intinto e uniteci ogni cosa meno che il riso.

Ora che gli elementi del pasticcio sono tutti pronti, fate la pasta per rinchiudervelo, di cui eccovi le dosi:

>Farina, grammi 400.

Burro, grammi 80

Uova, n. 2.

Vino bianco o marsala, due cucchiaiate

Sale, un pizzico.

Prendete uno stampo qualunque, ungetelo col burro e foderatelo colla detta pasta tirata a sfoglia; poi riempitelo versandovi prima la metà del riso, indi tutto il ripieno e sopra il ripieno il resto del riso, ricoprendolo alla bocca colla stessa pasta. Cuocetelo al forno, sformatelo e servitelo tiepido o freddo.

Eseguito nelle dosi indicate basterà per dodici persone.

RANOCCHI IN UMIDO

Il modo più semplice è di farli con un soffritto di olio, aglio e prezzemolo, sale e pepe, e quando sono cotti, agro di limone. Alcuni, invece del limone, usano il sugo di pomodoro, ma il primo è da preferirsi.

Non li spogliate mai delle uova che sono il meglio.

RANOCCHI ALLA FIORENTINA

Togliete i ranocchi dall'acqua fresca dove li avrete posti dopo averli te-nuti per un momento appena nell'acqua calda se sono stati uccisi d'allora. Asciugateli bene fra le pieghe d'un canovaccio e infarinateli. Ponete una teglia al fuoco con olio buono e quando questo comincia a grillettare buttate giù i ranocchi; conditeli con sale e pepe rimuovendoli spesso perché si attaccano facilmente. Quando saranno rosolati da ambedue le parti, versate sui medesimi delle uova frullate, condite anch'esse con sale e pepe e sugo di limone piacendovi; senza toccarle, lasciatele assodare a guisa di frittata e mandate la teglia in tavola.

Ai ranocchi va sempre tolta la vescichetta del fiele.

Volendoli fritti, infarinateli e, prima di buttarli in padella, teneteli per qualche ora in infusione nell'uovo, condito con sale e pepe; oppure, dopo infarinati, rosolateli appena da ambedue le parti e, presi uno alla volta, immergeteli nell'uovo condito con pepe, sale e agro di limone, rimettendoli poscia in padella per finire di cuocerli.

Aringa ingentilita

Signori bevitori, a questa aringa (Clupea harengus) posate la forchetta; non è fatta per voi che avete il gusto grossolano.

Ordinariamente si ricerca l'aringa femmina come più appariscente per la copiosa quantità delle uova; ma è da preferirsi il maschio che, co' suoi spermatofori lattiginosi, ossia borsa spermatica, è più delicato. Maschio o femmina che sia, aprite l'aringa dalla parte della schiena, gettatene via la testa e spianatela; poi mettetela in infusione nel latte bollente e lascia-tevela dalle otto alle dieci ore. Sarebbe bene che in questo spazio di tempo si cambiasse il latte una volta. Dopo averla asciugata con un ca-novaccio, cuocetela in gratella come l'aringa comune e conditela con o-lio e pochissimo aceto o, se più vi piace, con olio e agro di limone.

C'è anche quest'altra maniera per togliere all'aringa il sapore troppo salato. Mettetela al fuoco con acqua diaccia, fatela bollire per tre minuti, poi tenetela per un momento nell'acqua fresca; asciugatela, gettatene via la testa, apritela dalla parte della schiena e conditela come la precedente.

La Clupea harengus è il genere tipico dell'importantissima famiglia dei Clupeini, la quale comprende, oltre alle aringhe, le salacche, i salacchini, le acciughe, le sarde e l'Alosa vulgaris, o Clupea comune, chiamata cheppia in Toscana. Questa, in primavera, rimontando i fiumi per deporre le uova, viene pescata anche in Arno a Firenze.

Le aringhe vivono in numero sterminato nelle profondità dei mari dell'estrema Europa e si fanno vedere alla superficie solo al tempo della riproduzione, cioè nei mesi di aprile, maggio e giugno, e dopo deposte le uova scompariscono nella profondità della loro abituale dimora. Si vede il mare talora per diverse miglia di seguito luccicante e l'acqua divenir torbida per la fregola e per le squame che si distaccano. In Inghilterra arrivano dal luglio al settembre e la pesca, che si fa con reti circolari, n'è sì abbondante sulle spiagge di Yarmouth che talvolta se ne sono preparate fino a 500 mila barili.

Baccalà alla fiorentina

Il baccalà appartiene alla famiglia delle Gadidee il cui tipo è il merluzzo. Le specie più comuni de' nostri mari sono il Gadus minutus e il Merlucius esculentus, o nasello, pesce alquanto insipido, ma di facile digestione per la leggerezza delle sue carni, e indicato ai convalescenti, specialmente se lesso e condito con olio e agro di limone.

Il genere Gadus morrhua è il merluzzo delle regioni artiche ed antartiche il quale, dalla diversa maniera di acconciarlo, prende il nome di baccalà o stoccafisso e, come ognun sa, è dal fegato di questo pesce che si estrae l'olio usato in medicina. La pesca del medesimo si fa all'amo e un solo uomo ne prende in un giorno fino a 500, ed è forse il più fecondo tra i pesci, essendosi in un solo individuo contate nove milioni di uova.

In commercio si conoscono più comunemente due qualità di baccalari, Gaspy e Labrador .La prima proveniente dalla Gaspesia, ossia dai Ban-chi di Terra Nuova (ove sì pescano ogni anno più di 100 milioni di chilogrammi di merluzzi), è secca, tigliosa e regge molto alla macerazione; la seconda, che si pesca sulle coste del Labrador, forse a motivo di un pascolo più copioso, essendo grassa e tenera, rammollisce con facilità ed è assai migliore al gusto.

Il baccalà di Firenze gode buona reputazione e si può dir meritata perché si sa macerar bene, nettandolo spesso con un granatino di scopa, e perché essendo Labrador di prima qualità, quello che preferibilmente vi si consuma, grasso di sua natura, è anche tenero, tenuto conto della fibra tigliosa di questo pesce non confacente agli stomaci deboli; per ciò io non l'ho potuto mai digerire. Questo salume supplisce su quel mercato, nei giorni magri, con molto vantaggio il pesce, che è insufficiente al consumo, caro di prezzo e spesso non fresco.

Tagliate il baccalà a pezzi larghi quanto la palma della mano e infarina-telo bene. Poi mettete un tegame o una teglia al fuoco con parecchio olio e due o tre spicchi d'aglio interi, ma un po' stiacciati. Quando questi cominciano a prender colore buttate giù il baccalà e fatelo rosolare da ambedue le parti, rimuovendolo spesso affinché non si attacchi. Sale non ne occorre o almeno ben poco previo l'assaggio, ma una presa di pepe non ci fa male. Per ultimo versategli sopra qualche cucchiaiata di sugo di pomodoro n. 6, o conserva diluita nell'acqua; fatelo bollire ancora un poco e servitelo.

BACCALÀ ALLA BOLOGNESE

Tagliatelo a pezzi grossi come il precedente e così nudo e crudo mettetelo in un tegame o in una teglia unta coll'olio. Fioritelo di sopra con un battutino di aglio e prezzemolo e conditelo con qualche presa di pepe, olio e pezzetti di burro. Fatelo cuocere a fuoco ardente e voltatelo adagio perché, non essendo stato infarinato, facilmente si rompe. Quando è cotto strizzategli sopra del limone e mandatelo al suo destino.

Baccalà dolce-forte

Cuocetelo come il baccalà n. 506, meno l'aglio, e quando sarà rosolato da ambe le parti, versateci su il dolce-forte, fatelo bollire ancora un poco e servitelo caldo.

Il dolce-forte o l'agro-dolce, se così vi piace chiamarlo, preparatelo a-vanti in un bicchiere, e se il baccalà fosse grammi 500 all'incirca, baste-ranno un dito di aceto forte, due dita di acqua, zucchero a sufficienza, pinoli e uva passolina in proporzione. Prima di versarlo sul baccalà non è male il farlo alquanto bollire a parte. Se vi vien bene sentirete che nel suo genere sarà gradito.

Baccalà in gratella

Onde riesca meno risecchito si può cuocere a fuoco lento sopra un foglio di carta bianca, consistente, unta avanti. Conditelo con olio, pepe e, se vi piace, qualche ciocchettina di ramerino.

Baccalà fritto

La padella è l'arnese che in cucina si presta a molte belle cose; ma il baccalà a me pare vi trovi la fine più deplorevole perché, dovendo prima esser lessato e involtato in una pastella, non vi è condimento che basti a dargli conveniente sapore, e però alcuni, non sapendo forse come meglio trattarlo, lo intrugliano nella maniera che sto per dire. Per lessarlo mettetelo al fuoco in acqua diaccia e appena abbia alzato il primo bollore levatelo che già è cotto. Senz'altra manipolazione si può mangiar così condito con olio e aceto; ma veniamo ora all'intruglio che vi ho menzionato, padronissimi poi di provarlo o di mandare al diavolo la ricetta e chi l'ha scritta. Dopo lessato mettete in infusione il pezzo del baccalà tutto intero nel vino rosso e tenetecelo per qualche ora; poi asciugatelo in un canovaccio e tagliatelo a pezzetti nettandolo dalle spine e dalle lische. Infarinatelo leggermente e gettatelo in una pastella semplice di acqua, farina e un gocciolo d'olio senza salarla. Friggetelo nell'olio e spolverizzatelo di zucchero quando avrà perduto il primo bollore. Mangiato caldo, l'odor del vino si avverte appena; non pertanto, se lo trovate un piatto ordinario, la colpa sarà vostra che l'avete voluto provare.

COTOLETTE DI BACCALÀ

Si tratta sempre di baccalà, quindi non vi aspettate gran belle cose; però, preparato in questa maniera sarà meno disprezzabile del precedente; non foss'altro vi lusingherà la vista col suo aspetto giallo-dorato a somiglianza delle cotolette di vitella di latte.

Cuocetelo lesso come l'antecedente e, se la quantità fosse di grammi 500, dategli per compagnia due acciughe e un pizzico di prezzemolo, tritando fine fine ogni cosa insieme colla lunetta. Poi aggiungerete qualche presa di pepe, un pugno di parmigiano grattato, tre o quattro cucchiaiate di pappa, composta di midolla di pane, acqua e burro, per renderlo più tenero, e due uova. Formato così il composto, prendetelo su a cucchiaiate, buttatelo nel pangrattato, stiacciatelo colle mani per dargli la forma di cotolette che intingerete nell'uovo sbattuto, e poi un'altra volta avvolgerete nel pangrattato.

Friggetelo nell'olio e mandatelo in tavola con spicchi di limone o salsa di pomodoro. Basterà la metà di questa dose per nove o dieci cotolette.

BACCALÀ IN SALSA BIANCA

>Baccalà ammollito, grammi 400.
>
>Burro, grammi 70.
>
>Farina, grammi 30.
>
>Una patata del peso di circa grammi 150.
>
>Latte, decilitri 3 ½.

Lessate il baccalà e nettatelo dalla pelle, dalle lische e dalla spina. Lessa-te anche la patata e tagliatela a tocchetti. Fate una balsamella col latte e la farina e quando è cotta uniteci un poco di prezzemolo tritato, datele l'odore della noce moscata, versateci dentro la patata e salatela. Poi ag-giungete il baccalà a pezzi, mescolate e dopo un poco di riposo servitelo che piacerà e sarà lodato. Se non si tratta di forti mangiatori potrà bastare per quattro persone. Per adornarlo un poco potreste contornarlo con degli spicchi di uova sode.

STOCCAFISSO IN UMIDO

Stoccafisso ammollito, grammi 500 così diviso:

    Schiena, grammi 300;

    pancette, grammi 200.

Levategli la pelle e tutte le lische, poi tagliate la parte della schiena a fet-tine sottili e le pancette a quadretti larghi due dita. Fate un soffritto con olio in abbondanza, un grosso spicchio d'aglio o due piccoli e un buon pizzico di prezzemolo. Quando sarà colorito gettateci lo stoccafisso, conditelo con sale e pepe, rimestate per fargli prendere sapore e dopo poco versateci sei o sette cucchiaiate della salsa di pomodoro del n. 125, oppure pomodori a pezzi senza la buccia e i semi, fate bollire adagio per tre ore almeno, bagnandolo con acqua calda versata poco per volta ed unendovi dopo due ore di bollitura una patata tagliata a tocchetti. Questa quantità è sufficiente per tre o quattro persone. È piatto appetitoso, ma non per gli stomachi deboli. Un amico mio, certo di fare cosa gradita, non si perita d'invitare dei gran signori a mangiare questo piatto da colazione.

CIECHE ALLA PISANA

Lavatele diverse volte e quando non faranno più la schiuma, versatele sullo staccio per scolarle.

Ponete al fuoco, olio, uno spicchio o due d'aglio interi, ma un po' stiacciati, e alcune foglie di salvia. Quando l'aglio sarà colorito versate le cieche e, se sono ancor vive, copritele con un testo onde non saltino via. Conditele con sale e pepe, rimuovetele spesso col mestolo e bagnatele con un poco d'acqua, se prosciugassero troppo. Cotte che siano, legatele con uova frullate a parte, mescolate con parmigiano, pangrattato e limone.

Se la quantità delle cieche fosse di grammi 300 a 350, la quale basta per quattro persone, potrete legarle con:

    Uova, n. 2.

    Parmigiano, due cucchiaiate.

    Pangrattato, una cucchiaiata.

Mezzo limone e un po' d'acqua.

Se le servite nel vaso ove sono state cotte, ponetele per ultimo fra due fuochi onde facciano alla superficie la crosticina in bianco.

Il chiarissimo prof. Renato Fucini (l'ameno Neri Tanfucio) il quale, a quanto pare, è un grande amatore di cieche alla salvia, si compiace farmi sapere che sarebbe una profanazione, un sacrilegio, se queste – benché sembrino teneri pesciolini – si tenessero a cuocere per un tempo minore di una ventina di minuti almeno.

CIECHE FRITTE I

Cuocetele in umido con olio, aglio intero e salvia, come quelle descritte al numero precedente; poi, levato l'aglio, tritatele minute. Frullate delle uova in proporzione, salatele, aggiungete parmigiano, un poco di pan-grattato e mescolateci dentro le cieche per friggerle a cucchiaiate e farne frittelle che servirete con limone a spicchi, e pochi, mangiandole, si ac-corgeranno che sia un piatto di pesce.

CIECHE FRITTE II

Ho visto a Viareggio che le cieche si possono friggere come l'altro pe-sce; infarinate soltanto con farina di grano o di granturco e gettate in pa-della. In questa maniera le avrete più semplici, ma assai meno buone di quelle descritte al numero antecedente.

TINCHE IN ZIMINO

La tinca disse al luccio: — Vai più la mia testa che il tuo buccio. — Buccio per busto, licenza poetica, per far la rima. Poi c'è il proverbio: «Tinca di maggio e luccio di settembre».

Fate un battutino con tutti gli odori, e cioè: cipolla, aglio, prezzemolo, sedano e carota; mettetelo al fuoco con olio e quando avrà preso colore, versate le teste delle tinche a pezzettini e conditele con sale e pepe. Fatele cuocer bene, bagnandole con sugo di pomodoro o conserva sciolta nell'acqua, poi passate il sugo e mettetelo da parte. Nettate le tinche, tagliate loro le pinne e la coda e così intere, ponetele al fuoco con olio quando comincia a soffriggere. Conditele con sale e pepe e tiratele a cottura col detto sugo versato a poco per volta. Potrete mangiarle così che sono eccellenti; ma per dare al zimino il suo vero carattere ci vuole un contorno d'erbaggi, bietola o spinaci a cui, dopo lessati, farete prender sapore nell'intinto di questo umido. I piselli pure vi stanno bene. Anche il baccalà in zimino va cucinato così.

Luccio in umido

Il luccio è un pesce comune nelle nostre acque dolci che si fa notare per certe sue particolarità. È molto vorace e siccome si nutre esclusivamente di pesce, la sua carne riesce assai delicata al gusto; però, essendo fornito di molte lische, bisogna scegliere sempre individui del peso di 600 a 700 grammi; sono anche da preferirsi quelli che vivono in acque correnti, i quali si distinguono per la schiena verdastra e il ventre bianco argentato; mentre quelli delle acque stagnanti si conoscono dall'oscurità della pelle. Si trovano dei lucci del peso fino a 10, 15 e anche 30 chilogrammi e di un'età assai elevata; credesi perfino di oltre 200 anni. Le uova della femmina e gli spermatofori lattiginosi del maschio non vanno mangiati perché hanno un'azione molto purgativa.

Ammesso che abbiate da cucinare un luccio dell'indicato peso all'incirca, raschiategli le scaglie, vuotatelo, tagliate via la testa e la coda e dividetelo in quattro o cinque pezzi, che potranno bastare ad altrettante persone. Ogni pezzo steccatelo per il lungo con due lardelli di lardone conditi con sale e pepe, e poi fate un battuto proporzionato con cipolla quanto una grossa noce, un piccolo spicchio d'aglio, una costola di sedano, un pezzetto di carota e un pizzico di prezzemolo, il tutto tritato fine perché non occorre passarlo. Mettetelo al fuoco con olio e quando avrà preso colore fermatelo con sugo di pomodoro o conserva sciolta nell'acqua, sale e pepe per condimento. Poi condensate alquanto questo intinto con un pezzetto di burro intriso nella farina, mescolate bene e collocateci il pesce facendolo bollire adagio e rivoltandolo; per ultimo versateci una cucchiaiata di marsala o, mancando questa, un gocciolo di vino, e lasciatelo bollire ancora un poco prima di mandarlo in tavola in mezzo alla sua salsa.

Palombo fritto

Tagliate il palombo in rotelle non tanto grosse e lasciatele in infusione nell'uovo alquanto salato per qualche ora. Mezz'ora avanti di friggerle involtatele in un miscuglio formato di pangrattato, parmigiano, aglio e prezzemolo tritati, sale e pepe. Un piccolo spicchio d'aglio basterà per grammi 500 di pesce. Contornatelo con spicchi di limone.

Palombo in umido

Tagliatelo a pezzi piuttosto grossi e poi fate un battuto con aglio, prez-zemolo e pochissima cipolla. Mettetelo al fuoco con olio e, quando avrà soffritto a sufficienza, collocateci il palombo e conditelo con sale e pepe. Rosolato che sia versateci un po' di vino rosso, o bianco asciutto, e sugo di pomodoro o conserva per tirarlo a cottura.

Arrosti

Gli arrosti allo spiede, eccezion fatta degli uccelli e dei piccioni, ne' quali sta bene la salvia intera, non si usa più di lardellarli né di pillottarli, né di steccarli con aglio, ramerino od altri odori consimili che facilmente stuccano o tornano a gola. Dove l'olio è buono ungeteli con questo liquido, altrimenti usate lardo o burro ove, per qualche ragione locale, si suol dar la preferenza all'uno più che all'altro di questi condimenti.

L'arrosto, in generale, si preferisce saporito e però largheggiate alquanto col sale per le carni di vitella di latte, agnello, capretto, pollame e maia-le: tenetevi più scarsi colle carni grosse e coll'uccellame perché queste sono carni per sé stesse assai saporite; ma salate sempre a mezza o anche a due terzi di cottura. Commettono grave errore coloro che salano un arrosto qualunque prima di infilarlo nello spiede perché il fuoco allora lo prosciuga, anzi lo risecchisce.

Il maiale e le carni di bestie lattanti, come vitella di latte, agnello, capretto e simili, debbono esser ben cotte per prosciugare la soverchia loro umidità. Il manzo e il castrato cuoceteli assai meno perché, essendo queste carni molto asciutte devono restare sugose. Gli uccelli cuoceteli a fiamma, ma badate di non arrivarli troppo, ché quelle carni perderebbero allora gran parte del loro aroma; però avvertite che non sanguinino il che potrete conoscere pungendoli sotto l'ala. Anche dei polli si può conoscere la giusta cottura quando, pungendoli nella stessa maniera, non esce più sugo.

Le carni di pollo risulteranno più tenere e di miglior colore se le arrosti-rete involtate dentro ad un foglio la cui parte aderente alla carne sia pri-ma stata unta di burro; per evitare che la carta bruci, ungetela spesso all'esterno. A mezza cottura levate il foglio e terminate di cuocere il pol-lo, il tacchino o altro che sia, salandoli ed ungendoli.

In questo caso sarà bene di mettere un po' di sale nel loro interno prima d'infilarli allo spiede e di steccar con lardone il petto de' tacchini e delle galline di Faraone. Qui è bene avvertire che il piccione giovane e il cap-pone ingrassato, sia arrosto che lesso, sono migliori diacci che caldi e stuccano meno.

Le carni arrostite conservano meglio, che preparate in qualunque altra maniera, le loro proprietà alimentari e si digeriscono più facilmente.

ROAST-BEEF I

Questa voce inglese è penetrata in Italia col nome volgare di rosbiffe, che vuoi dire bue arrosto. Un buon rosbíffe è un piatto di gran compenso in un pranzo ove predomini il genere maschile, il quale non si appaga di bricciche come le donne, ma vuoi ficcare il dente in qualche cosa di sodo e di sostanzioso.

Il pezzo che meglio si presta è la lombata indicata per la bistecca alla fiorentina n. 556. Onde riesca tenero, deve essere di bestia giovane e deve superare il peso di un chilogrammo, perché il fuoco non lo prosciughi, derivando la bellezza e bontà sua dal punto giusto della cottura indicato dal color roseo all'interno e dalla quantità del sugo che emette affettandolo. Per ottenerlo in codesto modo cuocetelo a fuoco ardente e bene acceso fin da principio onde sia preso subito alla superficie; ungetelo con l'olio, che poi scolerete dalla leccarda, e per ultimo passategli sopra un ramaiuolo di brodo, il quale, unito all'unto caduto dal rosbiffe, servirà di sugo al pezzo quando lo mandate in tavola. Salatelo a mezza cottura tenendovi un po' scarsi perché questa qualità di carne, come già dissi, è per sé saporita, e abbiate sempre presente che il benefico sale è il più fiero nemico di una buona cucina.

Mettetelo al fuoco mezz'ora prima di mandare la minestra in tavola, il che è sufficiente se il pezzo non è molto grosso, e per conoscerne la cottura pungetelo nella patte più grossa con un sottile lardatoio, ma non bucatelo spesso perché non dissughi. Il sugo che n'esce non dev'essere né di color del sangue, né cupo. Le patate per contorno rosolatele a parte nell'olio da crude e sbucciate, intere se sono piccole, e a quarti se sono grosse.

Il rosbiffe si può anche mandare al forno, ma non viene buono come allo spiede. In questo caso conditelo con sale, olio e un pezzo di burro, contornatelo di patate crude sbucciate, e versate nel tegame un bicchiere d'acqua.

Se il rosbiffe avanzato non vi piace freddo, tagliatelo a fette, rifatelo con burro e sugo di carne o di pomodoro.

ROAST-BEEF II

Questa seconda maniera di cuocere il rosbiffe mi sembra che sia da pre-ferirsi alla prima, perché rimane più sugoso e più profumato. Dopo averlo infilato nello spiede, involtatelo in un foglio bianco non troppo sottile e bene imburrato con burro diaccío: legatelo alle due estremità onde resti ben chiuso e mettetelo al fuoco di carbone molto acceso. Giratelo e quando sarà quasi cotto strappate via la carta, salatelo e fategli prendere il colore. Tolto dal fuoco, chiudetelo tra due piatti e dopo dieci minuti servitelo.

SFILETTATO TARTUFATO

I macellari di Firenze chiamano sfilettato la lombata di manzo o di vitella a cui sia stato levato il filetto.

Prendete dunque un pezzo grosso di sfilettato e steccatelo tutto con pezzetti di tartufi, meglio bianchi che neri, tagliati a punta e lunghi tre centimetri circa, unendo ad ognuno di questi un pezzetto di burro per riempire il buco che avrete aperto con la punta del coltello per inserirli. Fate delle incisioni a traverso la cotenna onde non si ritiri, legatelo ed infilatelo nello spiede per cuocerlo. A due terzi di cottura dategli un'untatina con olio e salatelo scarsamente, perché queste carni di bestie grosse sono assai saporite e non hanno bisogno di molto condimento.

ARROSTO DI VITELLA DI LATTE

La vitella di latte si macella in tutti i mesi dell'anno; ma nella primavera e nell'estate la troverete più grassa, più nutrita e di miglior sapore. I pez-zi che più si prestano per l'arrosto allo spiede sono la lombata e il culac-cio, e non hanno bisogno che d'olio e sale per condimento.

Gli stessi pezzi si possono cuocere in tegame, leggermente steccati d'a-glio e ramerino, con olio, burro e un battutino di carnesecca, sale, pepe e sugo di pomodoro per cuocere nell'intinto piselli freschi. E questo un piatto che piace a molti.

PETTO DI VITELLA DI LATTE IN FORNO

Se io sapessi chi inventò il forno vorrei erigergli un monumento a mie spese; in questo secolo di monumentomania credo che ei lo meriterebbe più di qualcun altro.

Trattandosi di un piatto di famiglia lasciate il pezzo come sta, con tutte le sue ossa, e se non eccedesse il peso di 600 a 700 grammi potete cuo-cerlo al forno da campagna. In questo caso steccatelo con grammi 50 o 60 di prosciutto più magro che grasso tagliato fine, legatelo onde stia raccolto, spalmatelo tutto copiosamente di lardo (strutto) e salatelo. Collocatelo in una teglia e una diecina di minuti prima di levarlo dal fuoco uniteci delle patate che, in quell'unto, vengono molto buone.

Invece dello strutto potete servirvi di burro e olio e invece del prosciutto salarlo generosamente.

Arrosto morto

Potete fare nella maniera che sto per dire ogni sorta di carne; ma quella che più si presta, a parer mio, è la vitella di latte. Prendetene un bel pez-zo nella lombata che abbia unita anche la pietra. Arrocchiatelo e legatelo con uno spago perché stia più raccolto e mettetelo al fuoco in una cazzaruola con olio fine e burro, ambedue in poca quantità. Rosolatelo da tutte le parti, salatelo a mezza cottura e finite di cuocerlo col brodo in guisa che vi resti poco o punto sugo.

Sentirete un arrosto che se non ha il profumo e il sapore di quello fatto allo spiede avrà in compenso il tenero e la delicatezza. Se non avete il brodo servitevi del sugo di pomodoro o conserva sciolta nell'acqua. Se vi piace più saporito aggiungete carnesecca tritata fine.

Arrosto morto coll'odore dell'aglio e del ramerino

Se, piacendovi questi odori, non amate che tornino a gola, non fate come coloro che steccano un pollo, un pezzo di filetto o altra carne qualunque con pezzi d'aglio e ramerino; ma regolandovi, quanto alla cucinatura, come nel caso precedente, gettate nella cazzaruola uno spicchio di aglio intero e due ciocche di ramerino. Quando mandate l'arrosto in tavola passate il suo sugo ristretto senza spremerlo e contornate, se credete, il pezzo della carne con patate, od erbaggi rifatti a parte. In questo caso, piacendovi, potete anche aggraziare la carne con pochissimo sugo di pomodoro o conserva.

Il cosciotto d'agnello viene assai bene in questa maniera, cotto tra due fuochi.

Uccelli arrosto

Gli uccelli devono essere freschi e grassi; ma soprattutto freschi. In que' paesi dove si vendono già pelati bisogna essere tondi bene per farsi mettere in mezzo. Se li vedete verdi o col brachiere, cioè col buzzo nero, girate largo; ma se qualche volta rimaneste ingannati, cucinateli come il piccione in umido n. 276, perché se li mettete allo spiede, oltreché aprirsi tutti durante la cottura, tramandano, molto più che fatti in umido, quel fetore della putrefazione, ossia della carne faisandée come la chiamano i Francesi: puzzo intollerabile alle persone di buon gusto, ma che purtroppo non dispiace in qualche provincia d'Italia ove il gusto, per lunga consuetudine, si è depravato fors'anche a scapito della salute.

Un'eccezione potrebbe farsi per le carni del fagiano e della beccaccia, le quali, quando sono frolle, pare acquistino, oltre alla tenerezza, un pro-fumo particolare, specialmente poi se il fagiano lasciasi frollare senza pelarlo. Ma badiamo di non far loro oltrepassare il primo indizio della putrefazione perché altrimenti potrebbe accadervi come accadde a me quando avendomi un signore invitato a pranzo in una trattoria molto ri-nomata, ordinò, fra le altre cose per farmi onore, una beccaccia coi cro-stini; ebbene questa tramandava dal bel mezzo della tavola un tale fetore che, sentendomi rivoltar lo stomaco, non fui capace neppure di appressarmela alla bocca, lasciando lui mortificato ed io col dolore di non aver potuto aggradire la cortesia dell'amico.

Gli uccelli dunque, siano tordi, allodole o altri più minuti, non vuotateli mai e prima d'infilarli acconciateli in questa guisa: rovesciate loro le ali sul dorso onde ognuna di esse tenga ferme una o due foglie di salvia; le zampe tagliatele all'estremità ed incrociatele facendone passare una sopra il ginocchio dell'altra, forando il tendine, e in questa incrociatura ponete una cioccchettina di salvia. Poi infilateli collocando i più grossi nel mezzo tramezzandoli con un crostino, ossia una fettina di pane di un giorno grossa un centimetro e mezzo, oppure, se trovasi, un bastoncino tagliato a sbieco.

Con fettine di lardone, salate avanti e sottili quanto la carta, fasciate il petto dell'uccello in modo che si possa infilare nello spiede insieme col pane.

Cuoceteli a fiamma e se il loro becco non l'avete confitto nello sterno, teneteli prima fermi alquanto col capo penzoloni onde facciano, come suol dirsi, il collo; ungeteli una volta sola coll'olio quando cominciano a rosolare servendovi di un pennello o di una penna per non toccare i crostini, i quali sono già a sufficienza conditi dai due lardelli e salateli una volta sola. Metteteli al fuoco ben tardi perché dovendo cuocere alla svelta c'è il caso che arrivino presto e risecchiscano. Quando li mandate in tavola sfilateli pari pari, onde restino uniti sul vassoio e composti in fila, che così faranno più bella mostra.

Quanto all'arrosto d'anatra o di germano, che sa di selvatico, alcuni gli spremono sopra un limone quando comincia a colorire e l'ungono con quell'agro e coll'olio insieme raccolto nella ghiotta.

ARROSTO D'AGNELLO ALL'ARETINA

L'agnello comincia ad esser buono in dicembre, e per Pasqua o è cominciata o sta per cominciare la sua decadenza.

Prendete un cosciotto o un quarto d'agnello, conditelo con sale, pepe, olio e un gocciolo d'aceto. Bucatelo qua e là colla punta di un coltello e lasciatelo in questo guazzo per diverse ore. Infilatelo nello spiede e con un ramoscello di ramerino ungetelo spesso fino a cottura con questo li-quido, il quale serve a levare all'agnello il sito di stalla, se temete che l'abbia, e a dargli un gusto non disgradevole.

Piacendovi più pronunziato l'odore del ramerino potete steccare il pezzo con alcune ciocche del medesimo, levandole prima di mandarlo in tavola.

COSCIOTTO DI CASTRATO ARROSTO

La stagione del castrato è dall'ottobre al maggio. Dicesi che si deve pre-ferire quello di gamba corta e di carne color rosso bruno. Il cosciotto arrostito offre un nutrimento sano e nutriente, opportuno specialmente a chi ha tendenza alla pinguedine.

Prima di cuocerlo lasciatelo frollare diversi giorni, più o meno a seconda della temperatura. Prima d'infilarlo allo spiede battetelo ben bene con un mazzuolo di legno, poi spellatelo e levategli, senza troppo straziarlo, l'osso di mezzo. Dopo, perché resti tutto raccolto, legatelo e dategli fuoco ardente da principio, e a mezza cottura diminuite il calore. Quando comincia a gettare il sugo, che raccoglierete nella leccarda, bagnatelo col medesimo e con brodo digrassato, nient'altro. Salatelo a cottura quasi completa; ma badate che non riesca troppo cotto né che sanguini e servitelo in tavola col suo sugo in una salsiera e perché faccia miglior figura involgete l'estremità dell'osso della gamba in carta bianca frastagliata.

Arrosto di lepre I

Le parti della lepre (Lepus timidus) adatte per fare allo spiede sono i quarti di dietro; ma le membra di questa selvaggina sono coperte di pel-licole che bisogna accuratamente levare, prima di cucinarle, senza trop-po intaccare i muscoli.

Avanti di arrostirla tenetela in infusione per dodici o quattordici ore in un liquido così preparato: mettete al fuoco in una cazzaruola tre bicchieri d'acqua con mezzo bicchier d'aceto o anche meno in proporzione del pezzo, tre o quattro scalogni troncati, una o due foglie d'alloro, un mazzettino di prezzemolo, un pochino di sale e una presa di pepe; fatelo bollire per cinque o sei minuti e versatelo diaccio sulla lepre. Tolta dall'infusione asciugatela e steccatela tutta col lardatoio con fettine di lardone di qualità fine. Cuocetela a fuoco lento, salatela a sufficienza ed ungetela con panna di latte e nient'altro.

Dicono che il fegato della lepre non si deve mangiare perché nocivo alla salute.

Arrosto di lepre II

Se la lepre sarà ben frolla potete arrostire i quarti di dietro senza farli precedere dall'infusione nella seguente maniera. Levate le pellicole più grosse dai muscoli esterni e steccate tutto il pezzo di lardelli di lardone che avrete salati avanti. Infilato allo spiede, avvolgetelo in una carta im-burrata e cosparsa di sale. Quando sarà cotto togliete la carta e con un ramoscello di ramerino intinto nel burro, ungetelo e fatelo colorire, sa-landolo ancora un poco.

Coniglio arrosto

Anche per un arrosto di coniglio allo spiede non si prestano che i quarti di dietro. Steccatelo di lardone, ungetelo con olio o, meglio, col burro e salatelo a cottura quasi completa.

Arrosto morto lardellato

Prendete, mettiamo, un pezzo corto e grosso di magro, di vitella o di manzo, nella coscia o nel culaccio, ben frollo e del peso di un chilo-grammo all'incirca; steccatelo con grammi 30 di prosciutto grasso e ma-gro tagliato a fettine. Legatelo collo spago per tenerlo raccolto e mettete-lo in una cazzaruola con grammi 30 di burro, un quarto di una cipolla diviso in due pezzi, tre o quattro costole di sedano lunghe meno di un dito ed altrettante strisce di carota. Condite con sale e pepe e quando la carne avrà preso colore, voltandola spesso, annaffiatela con due piccoli ramaiuoli d'acqua e tiratela a cottura con fuoco lento, lasciandole pro-sciugare molta parte dell'umido, ma badate non vi si risecchi e diventi nera. Quando la mandate in tavola passate il poco succo rimasto e versatelo sulla carne che potrete contornar di patate a spicchi, rosolati nel burro o nell'olio.

Potete anche metter l'arrosto morto al fuoco col solo burro e tirarlo a cottura con la cazzaruola coperta da una scodella piena d'acqua.

PICCIONE A SORPRESA

È una sorpresa de' miei stivali; ma comunque sia è bene conoscerla per-ché non è cosa da disprezzarsi.

Se avete un piccione da mettere allo spiedo e volete farlo bastare a più di una persona, riempitelo con una braciuola di vitella o di vitella di latte. S'intende che questa braciuola dev'essere di grandezza proporzionata.

Battetela bene per renderla più sottile e più morbida, conditela con sale, pepe, una presina di spezie e qualche pezzetto di burro, arrocchiatela e mettetela dentro al piccione cucendone l'apertura. Se al condimento suddetto aggiungerete delle fettine di tartufi sarà meglio che mai. Potete anche cuocere a parte la cipollina e il fegatino del piccione nel sugo o nel burro, pestarli e con essi spalmare la braciuola; così l'aroma differente delle due qualità di carne si amalgama e si forma un gusto migliore.

Ciò che si è detto pel piccione valga per un pollastro.

QUAGLIETTE

Servitevi delle bracioline ripiene del n. 307, oppure fate l'involucro con vitella di latte e quando saranno ripiene, fasciatele con una fettina sottilissima di lardone e legatele in croce col refe. Infilatele nello spiedo per cuocerle arrosto, ognuna fra due crostini e con qualche foglia di salvia, ungetele coll'olio, salatele, bagnatele con qualche cucchiaiata di brodo e scioglietele quando le mandate in tavola.

Anche col filetto di manzo a pezzetti, fasciato di lardone, coll'odore della salvia e fra due crostini, si ottiene un buonissimo arrosto.

BRACIUOLA DI MANZO RIPIENA ARROSTO

Una braciuola di manzo grossa un dito del peso di grammi 500.

Magro di vitella di latte, grammi 200.

Prosciutto grasso e magro, grammi 30.

Lingua salata, grammi 30.

Parmigiano grattato, grammi 30.

Burro, grammi 30.

Fegatini di pollo, n. 2.

Uova, n. 1.

Una midolla di pane fresco grossa un pugno.

Fate un battutino con cipolla quanto una noce, un poco di sedano, carota e prezzemolo; mettetelo al fuoco col detto burro e, rosolato che sia, gettateci la vitella di latte a pezzetti e i fegatini, poco sale e pepe per condimento, tirando la carne a cottura con un po' di brodo. Levatela asciutta per tritarla fine colla lunetta e nell'intinto che resta fate una pappa soda con la midolla del pane, bagnandola con brodo se occorre. Ora, fate tutto un impasto, con la carne tritata, la pappa, l'uovo, il parmigiano, il prosciutto e la lingua tagliata a dadini. Composto così il ripieno, tuffate appena la braciuola di manzo nell'acqua, per poterla distender meglio, battetela con la costola del coltello e spianatela con la lama. Collocateci il ripieno in mezzo e formatene un rotolo che legherete stretto a guisa di salame prima dalla parte lunga e poi per traverso. Infilatela nello spiede per la sua lunghezza e arrostitela con olio e sale. Sentirete un arrosto delicato, il quale potrà bastare per sei o sette persone.

COSTOLETTE DI VITELLA DI LATTE ALLA MILANESE

Tutti conoscete le costolette semplici alla milanese, ma se le aggradite più saporite trattatele in questa guisa.

Dopo aver denudato l'osso della costola e scartatine i ritagli, spianatele con la lama di un grosso coltello per allargarle e ridurle sottili. Poi fate un battuto con prosciutto più grasso che magro, un poco di prezzemolo, parmigiano grattato, l'odor dei tartufi, se li avete, e poco sale e pepe. Con questo composto spalmate le costolette da una sola parte, mettetele in infusione nell'uovo, poi panatele e cuocetele alla sauté col burro, servendole con spicchi di limone. Per cinque costolette, se non sono molto grosse, basteranno grammi 50 di prosciutto e due cucchiaiate colme di parmigiano.

POLLO RIPIENO ARROSTO

Non è un ripieno da cucina fine, ma da famiglia. Per un pollo di mediocre grandezza eccovi all'incirca la dose

degli ingredienti:

> Due salsicce.
>
> Il fegatino, la cresta e i bargigli del pollo medesimo.
>
> Otto o dieci marroni bene arrostiti.
>
> Una pallina di tartufi o, in mancanza di questi, alcuni pezzetti di funghi secchi.
>
> L'odore di noce moscata.
>
> Un uovo.
>
> Se invece di un pollo fosse un tacchino, duplicate la dose.

Cominciate col dare alle salsicce e alle rigaglie mezza cottura nel burro, bagnandole con un po' di brodo se occorre; conditele con poco sale e poco pepe a motivo delle salsicce. Levatele asciutte e nell'umido che resta gettate una midolla di pane, per ottenere con un po' di brodo due cucchiaiate di pappa soda. Spellate le salsicce, tritate con la lunetta le rigaglie e i funghi rammolliti, e insieme colle bruciate, coll'uovo e la pappa pestate ogni cosa ben fine in un mortaio, meno i tartufi che vanno tagliati a fettine e lasciati crudi. Questo è il composto col quale riempirete il pollo, il cui ripieno si lascierà tagliar meglio diaccio che caldo e sarà anche più grato al gusto.

CAPPONE ARROSTO TARTUFATO

La cucina è estrosa, dicono i fiorentini, e sta bene perché tutte le pietan-ze si possono condizionare in vari modi secondo l'estro di chi le manipola; ma modificandole a piacere non si deve però mai perder di vista il semplice, il delicato e il sapore gradevole, quindi tutta la questione sta nel buon gusto di chi le prepara. Io nell'eseguire questo piatto costoso ho cercato di attenermi ai precetti suddetti, lasciando la cura ad altri d'indicare un modo migliore. Ammesso che un cappone col solo busto, cioè vuoto, senza il collo e le zampe, ucciso il giorno innanzi, sia del peso di grammi 800 circa, lo riempirei nella maniera seguente:

Tartufi, neri o bianchi che siano poco importa, purché odorosi, grammi 250.

Burro, grammi 80.

Marsala, cucchiaiate n. 5.

I tartufi, che terrete grossi come le noci, sbucciateli leggermente e la buccia gettatela così cruda dentro al cappone; anche qualche fettina di tartufo crudo si può inserire sotto la pelle. Mettete il burro al fuoco e quando è sciolto buttateci i tartufi con la marsala, sale e pepe per condi-mento e, a fuoco ardente, fateli bollire per due soli minuti rimuovendoli sempre. Levati dalla cazzaruola, lasciateli diacciare finché l'unto sia rappreso e poi versate il tutto nel cappone, per cucirlo tanto nella parte inferiore che nell'anteriore dove è stato levato il collo.

Serbatelo in luogo fresco per cuocerlo dopo 24 ore dandogli così tre giorni di frollatura.

Se si trattasse di un fagiano o di un tacchino regolatevi in proporzione. Questi, d'inverno, è bene conservarli ripieni tre o quattro giorni prima di cuocerli, anzi pel fagiano bisogna aspettare i primi accenni della putrefazione, ché allora la carne acquista quel profumo speciale che la distingue. Per la cottura avvolgeteli in un foglio e trattateli come la gallina di Faraone.

POLLO AL DIAVOLO

Si chiama così perché si dovrebbe condire con pepe forte di Caienna e servire con una salsa molto piccante, cosicché, a chi lo mangia, nel sen-tirsi accendere la bocca, verrebbe la tentazione di mandare al diavolo il pollo e chi l'ha cucinato. Io indicherò il modo seguente che è più semplice e più da cristiano.

Prendete un galletto o un pollastro giovane, levategli il collo e le zampe e, apertolo tutto sul davanti, schiacciatelo più che potete. Lavatelo ed a-sciugatelo bene con un canovaccio, poi mettetelo in gratella e quando comincia a rosolare, voltatelo, ungetelo col burro sciolto oppure con olio mediante un pennello e conditelo con sale e pepe. Quando avrà cominciato a prender colore la parte opposta, voltatelo e trattatelo nella stessa maniera; e continuando ad ungerlo e condirlo a sufficienza, tenetelo sul fuoco finché sia cotto.

Il pepe di Caienna si vende sotto forma di una polvere rossa, che viene dall'Inghilterra in boccette di vetro.

POLLO IN PORCHETTA

Non è piatto signorile, ma da famiglia. Riempite un pollo qualunque con fettine di prosciutto grasso e magro, larghe poco più di un dito, aggiungete tre spicchi d'aglio interi, due ciocchettine di finocchio e qualche chicco di pepe. Conditelo all'esterno con sale e pepe e cuocetelo in cazzaruola con solo burro e fra due fuochi. Al tempo delle salsicce potete sostituire queste al prosciutto introducendole spaccate per il lungo.

ARROSTO MORTO DI POLLO ALLA BOLOGNESE

Mettetelo al fuoco con olio, burro, una fetta di prosciutto grasso e magro tritato fine, qualche pezzetto d'aglio e una ciocchettina di ramerino. Quando sarà rosolato, aggiungete pomodori a pezzi netti dai semi, oppure conserva sciolta nell'acqua. Cotto che sia levatelo e in quell'intinto cuocete patate a tocchetti, indi rimettetelo al fuoco per riscaldarlo.

POLLO ALLA RUDINÌ

Questo pollo, battezzato non si sa perché con tal nome, riesce un piatto semplice, sano e di sapore delicato, perciò lo descrivo. Prendete un pol-lastro giovane, levategli il collo, le punte delle ali, e le zampe tagliatele a due dita dal ginocchio; poi fatene sei pezzi: due colle ali a ciascuna delle quali lascerete unita la metà del petto, due colle coscie compresavi l'anca e due col groppone toltane la parte anteriore. Levate le ossa delle anche e la forcella del petto; i due pezzi del groppone schiacciateli. Frullate un uovo con acqua quanta ne stia in un mezzo guscio d'uovo, metteteci in infusione il pollo dopo averlo infarinato e conditelo col pepe e col sale a buona misura lasciandovelo fino al momento di cuocerlo. Allora prendete i pezzi a uno per uno, panateli e, messa la sauté o una teglia di rame al fuoco con gr. 100 di burro, cuoceteli in questa maniera. Quando comincia a soffriggere il burro collocateci per un momento i pezzi del pollo dalla parte della pelle, poi rivoltateli, coprite la sauté con un coperchio e con molto fuoco sopra e poco sotto, lasciateli per circa dieci minuti. Servitelo con spicchi di limone e sentirete che sarà buono tanto caldo che freddo.

Per parlare un linguaggio da tutti compreso, la Sacra Scrittura dice che Giosuè fermò il sole e non la terra e noi si fa lo stesso quando si parla di polli, perché l'anca dovrebbesi chiamar coscia, la coscia gamba e la gamba tarso: infatti l'anca ha un osso solo che corrisponde al femore degli uomini, la coscia ne ha due che corrispondono alla tibia e alla fibula e la zampa rappresenta il primo osso dei piede, cioè il tarso. Così le ali, per la conformità delle ossa, corrispondono alle braccia che, dalla spalla al gomito sono di un sol pezzo (omero) e di due pezzi (radio e ulna) nell'avambraccio; le punte delle ali poi sono i primi accenni di una mano in via di formazione.

Pare, e se è vero potete accertarvene alla prova, che il pollo cotto appena ucciso sia più tenero che quando è sopraggiunta la rigidità cadaverica.

POLLO VESTITO

Non è piatto da farne gran caso, ma può recare sorpresa in un pranzo famigliare.

Prendete il busto di un pollastro giovane, cioè privo delle zampe, del collo e delle interiora; ungetelo tutto con burro diaccio, spolverizzatelo di sale, e un pizzico di questo versatelo nell'interno. Poi, colle ali piega-te, lasciatelo con due larghe e sottili fette di prosciutto più magro che grasso e copritelo con la pasta., tirata col matterello alla grossezza di uno scudo all'incirca. Doratela col rosso d'uovo e cuocete il pollo così vestito a moderato calore nel forno o nel forno da campagna. Servitelo come sta per essere aperto e trinciato sulla tavola.

A me sembra migliore diaccio che caldo.

GALLINA DI FARAONE

Questo gallinaceo originario della Numidia, quindi erroneamente chia-mato gallina d'India, era presso gli antichi il simbolo dell'amor fraterno. Meleagro, re di Calidone, essendo venuto a morte, le sorelle lo piansero tanto che furono da Diana trasformate in galline di Faraone. La Numida meleagris, che è la specie domestica, mezza selvatica ancora, forastica ed irrequieta, partecipa della pernice sia nei costumi che nel gusto della carne saporita e delicata. Povere bestie, tanto belline! Si usa farle morire scannate, o, come alcuni vogliono, annegate nell'acqua tenendovele sommerse a forza; crudeltà questa, come tante altre inventate dalla ghiottoneria dell'uomo. La carne di questo volatile ha bisogno di molta frollatura e, nell'inverno, può conservarsi pieno per cinque o sei giorni almeno.

Il modo migliore di cucinare le galline di Faraone è arrosto allo spiedo. Ponete loro nell'interno una pallottola di burro impastata nel sale, steccate il petto con lardone ed involtatele in un foglio spalmato di burro diaccio spolverizzato di sale, che poi leverete a due terzi di cottura per finire di cuocerle e di colorirle al fuoco, ungendole coll'olio e salandole ancora.

Al modo istesso può cucinarsi un tacchinotto.

ANATRA DOMESTICA ARROSTO

Salatela nell'interno e fasciatele tutto il petto con larghe e sottili fette di lardone tenute aderenti con lo spago.

Ungetela coll'olio e salatela a cottura quasi completa. Il germano, ossia l'anatra selvatica, essendo naturalmente magra, getta poco sugo e quindi meglio sarà di ungerla col burro.

OCA DOMESTICA

L'oca era già domestica ai tempi di Omero e i Romani (388 anni av. C.) la tenevano in Campidoglio come animale sacro a Giunone.

L'oca domestica, in confronto delle specie selvatiche, è cresciuta in vo-lume, si è resa più feconda e pingue in modo da sostituire il maiale presso gl'Israeliti. Come cibo io non l'ho molto in pratica, perché sul mercato di Firenze non è in vendita e in Toscana poco o punto si usa la sua carne; ma l'ho mangiata a lesso e mi piacque. Da essa sola si otterrebbe un brodo troppo dolce; ma mista al manzo contribuisce a renderlo migliore se ben digrassato.

Mi dicono che in umido e arrosto si può trattare come l'anatra domestica e che il petto in gratella si usa steccarlo col prosciutto o con le acciughe salate, per chi si fa un divieto di quello, e condito con olio, pepe e sale.

In Germania si cuoce arrosto ripiena di mele, vivanda codesta non con-facente per noi Italiani, che non possiamo troppo scherzare coi cibi grassi e pesanti allo stomaco, come rileverete dal seguente aneddoto.

Un mio contadino, uso a solennizzare la festa di Sant'Antonio abate, volle un anno, meglio del consueto, riconoscerla coll'imbandire un buon desinare a' suoi amici, non escludendo il fattore.

Tutto andò bene perché le cose furono fatte a dovere; ma un contadino benestante, che era degli invitati, sentendosi il cuore allargato, perché al bere e al mangiare aveva fatto del meglio suo, disse ai commensali:

— Per San Giuseppe, che è il titolare della mia parrocchia, vi voglio tutti a casa mia e in quel giorno s'ha da stare allegri. — Fu accettato volentieri l'invito e nessuno mancò al convegno.

Giunta l'ora più desiderata per tali feste, che è quella di sedersi a tavola, cominciò il bello, perocché si diede principio col brodo che era d'oca; il fritto era d'oca, il lesso era d'oca, l'umido era d'oca, e l'arrosto di che credete che fosse? era d'oca!! Non so quel che avvenisse degli altri, ma il fattore verso sera cominciò a sentirsi qualche cosa in corpo che non gli permetteva di cenare e la notte gli scoppiò dentro un uragano tale di tuoni, vento, acqua e gragnuola che ad averlo visto il giorno appresso, così sconfitto e abbattuto di spirito, faceva dubitare non fosse divenuto anch'esso un'oca.

Sono rinomati i pasticci di Strasburgo di fegato d'oca reso voluminoso mediante un trattamento speciale lungo e crudele, inflitto a queste povere bestie.

A proposito di fegato d'oca me ne fu regalato uno, proveniente dal veneto, che col suo abbondante grasso attaccato pesava grammi 600, il cuore compreso, e seguendo l'istruzione ricevuta, lo cucinai semplicemente in questa maniera. Prima misi al fuoco il grasso, tagliato all'ingrosso, poi il cuore a spicchi e per ultimo il fegato a grosse fette. Condimento, sale e pepe soltanto; servito in tavola, scolato dal soverchio unto, con spicchi di limone. Bisogna convenire che è un boccone molto delicato.

TACCHINO

Il tacchino appartiene all'ordine dei Rasores, ossia gallinacci, alla fami-glia della Phasanidae e al genere Meleagris. È originario dell'America settentrionale, estendendosi la sua dimora dal nord ovest degli Stati Uniti allo stretto di Panama, ed ha il nome di pollo d'India perché Colombo credendo di potersi aprire una via per le Indie orientali, navigando a ponente, quelle terre da lui scoperte furono poi denominate Indie occidentali. Pare accertato che gli Spagnuoli portassero quell'uccello in Europa al principio nel 1500 e dicesi che i primi tacchini introdotti in Francia furono pagati un luigi d'oro.

Siccome quest'animale si ciba di ogni sudiceria in cui si abbatte, la sua carne, se è mal nutrito, acquista talvolta un gusto nauseante, ma diviene ottima e saporosa se alimentato di granturco e di pastoni caldi di crusca. Si può cucinare in tutti i modi: a lesso, in umido, in gratella e arrosto; la carne della femmina è più gentile di quella del maschio. Dicono che il brodo di questo volatile sia caloroso, il che può essere, ma è molto saporito e si presta bene per le minestre di malfattini, riso con cavolo o rapa, gran farro e farinata di granturco aggraziate e rese più gustose e saporite con due salsicce sminuzzate dentro. La parte da preferirsi per lesso è l'anteriore compresa l'ala, che è il pezzo più delicato. Per l'arrosto morto e per l'arrosto allo spiede si prestano meglio i quarti di dietro. Trattandosi del primo è bene steccarlo leggermente di aglio e ramerino e condirlo con un battuto di carnesecca o lardone, un poco di burro, sale e pepe, sugo di pomodoro o conserva sciolta nell'acqua, onde poter rosolare nel suo intinto delle patate per contorno. Arrosto allo spiede si unge coll'olio e, piacendo, si serve con un contorno di polenta fritta. Il petto poi, spianato alla grossezza di un dito e condito qualche ora avanti a buona misura, con olio, sale e pepe, è ottimo anche in gratella, anzi è un piatto gradito ai bevitori, i quali vi aggiungono, conciati nella stessa maniera, il fegatino e il ventriglio tagliuzzato perché prenda meglio il condimento.

Vi dirò per ultimo che un tacchinotto giovane del peso di due chilo-grammi all'incirca, cotto intero, allo spiede come la gallina di Faraone, può fare eccellente figura in qualsiasi pranzo, specialmente se è primi-ticcio.

PAVONE

Ora che nella serie degli arrosti vi ho nominati alcuni volatili di origine esotica, mi accorgo di non avervi parlato del pavone, Pavo cristatus, che mi lasciò ricordo di carne eccellente per individui di giovane età.

Il più splendido, per lo sfarzo dei colori, fra gli uccelli dell'ordine dei gallinacei, il pavone abita le foreste delle Indie orientali e trovasi in stato selvatico a Guzerate nell'Indostan, a Cambogia sulle coste del Malabar, nel regno di Siam e nell'isola di Giava. Quando Alessandro il Macedone, invasa l'Asia minore, vide questi uccelli la prima volta dicesi rimanesse così colpito dalla loro bellezza da interdire con severe pene di ucciderli. Fu quel monarca che li introdusse in Grecia ove furono oggetto di tale curiosità che tutti correvano a vederli; ma poscia, trasportati a Roma sulla decadenza della repubblica, il primo a cibarsene fu Quinto Ortensio l'oratore, emulo di Cicerone e, piaciuti assai, montarono in grande stima dopo che Aufidio Lurcone insegnò la maniera d'ingrassarli, tenendone un pollaio dal quale traeva una rendita di millecinquecento scudi la qual cosa non è lontana dal vero se si vendevano a ragguaglio di cinque scudi l'uno.

MAIALE ARROSTITO NEL LATTE

Prendete un pezzo di maiale nella lombata del peso di grammi 500 circa, salatelo e mettetelo in cazzaruola con decilitri 2½ di latte. Copritelo e fatelo bollire adagio, finché il latte sarà consumato; allora aumentate il fuoco per rosolarlo e, ottenuto questo, scolate via il grasso e levate il pezzo della carne per aggiungere in quei rimasugli di latte coagulato un gocciolo di latte fresco. Mescolate, fateglí alzare il bollore e servitevene per ispalmare delle fettine di pane, appena arrostite, onde servirle per contorno al maiale quando lo manderete caldo in tavola.

Tre decilitri di latte in tutto potranno bastare. Cucinato così il maiale riesce di gusto delicato e non istucca.

PESCE DI MAIALE ARROSTO

Il pesce di maiale è quel muscolo bislungo posto ai lati della spina dorsale, che a Firenze si chiama lombo di maiale. Colà si usa distaccarlo insieme colla pietra e in cotesto modo si presta per un arrosto eccellente. Tagliatelo a pezzetti e infilatelo nello spiede, tramezzandolo di crostini e salvia come si usa cogli uccelli, e ungetelo, come questi, coll'olio.

AGNELLO ALL'ORIENTALE

Dicono che la spalla d'agnello arrostita ed unta con burro e latte, era e sia tuttavia una delle più ghiotte leccornie per gli Orientali; perciò io l'ho provata e ho dovuto convenire che si ottiene tanto da essa che dal cosciotto un arrosto allo spiede tenero e delicato. Trattandosi del cosciotto, io lo preparerei in questa maniera, la quale mi sembra la più adatta: steccatelo tutto col lardatoio di lardelli di lardone conditi con sale e pepe, ungetelo con burro e latte o con latte soltanto e salatelo a mezza cottura.

PICCIONE IN GRATELLA

La carne di piccione per la quantità grande di fibrina e di albumina che contiene, è molto nutriente ed è prescritta alle persone deboli per malat-tia o per altra qualunque cagione.

Il vecchio Nicomaco nella Clizia del Machiavelli, per trovarsi abile a una giostra amorosa, proponevasi di mangiare uno pippíone grosso, arrosto così verdemezzo che sanguigni un poco. Prendete un piccione grosso, ma giovine, dividetelo in due parti per la sua lunghezza e stiac-ciatele bene colle mani. Poi mettetele a soffriggere nell'olio per quattro o cinque minuti, tanto per assodarne la carne. Conditelo così caldo con sale e pepe, e poi condizionatelo in questa maniera: disfate al fuoco, senza farlo bollire, 40 grammi di burro; frullate un uovo e mescolate l'uno e l'altro insieme. Intingete bene il piccione in questo miscuglio e dopo qualche tempo involtatelo tutto nel pangrattato. Cuocetelo in gratella a lento fuoco e servitelo con una salsa o con un contorno.

FEGATELLI IN CONSERVA

Tutti sanno fare i fegatelli di maiale conditi con olio, pepe e sale, invol-tati nella rete e cotti in gratella, allo spiede o in una teglia; ma molti non sapranno che sì possono conservare per qualche mese come si pratica nella campagna Aretina e forse anche altrove, ponendoli dopo cotti in un tegame e riempiendo questo di lardo strutto e a bollore. Si levano poi via via che se ne vuoi far uso e si riscaldano. È una cosa che può far comodo a chi sala il maiale in casa, perché si avranno allora meno frattaglie da consumare.

Alcuni usano cuocere i fegatelli fra due foglie di alloro, oppure, come in Toscana, di aggiungere al condimento un po' di seme di finocchio; ma sono odori acuti che molti stomachi non tollerano, e tornano a gola.

BISTECCA ALLA FIORENTINA

Da beef-steak parola inglese che vale costola di bue, è derivato il nome della nostra bistecca, la quale non è altro che una braciuola col suo osso, grossa un dito o un dito e mezzo, tagliata dalla lombata di vitella. I macellari di Firenze chiamano vitella il soprannno non che le altre bestie bovine di due anni all'incirca; ma, se potessero parlare, molte di esse vi direbbero non soltanto che non sono più fanciulle, ma che hanno avuto marito e qualche figliuolo.

L'uso di questo piatto eccellente, perché sano, gustoso e ricostituente, non si è ancora generalizzato in Italia, forse a motivo che in molte delle sue provincie si macellano quasi esclusivamente bestie vecchie e da la-voro. In tal caso colà si servono del filetto, che è la parte più tenera, ed impropriamente chiamano bistecca una rotella del medesimo cotta in gratella.

Venendo dunque al merito della vera bistecca fiorentina, mettetela in gratella a fuoco ardente di carbone, così naturale come viene dalla bestia o tutt'al più lavandola e asciugandola; rivoltatela più volte, conditela con sale e pepe quando è cotta, e mandatela in tavola con un pezzetto di burro sopra. Non deve essere troppo cotta perché il suo bello è che, tagliandola, getti abbondante sugo nel piatto. Se la salate prima di cuocere, il fuoco la risecchisce, e se la condite avanti con olio o altro, come molti usano, saprà di moccolaia e sarà nauseante.

BISTECCA NEL TEGAME

Se avete una grossa bistecca che, per esser di bestia non tanto giovane o macellata di fresco, vi faccia dubitare della sua morbidezza, invece di cuocerla in gratella, mettetela in un tegame con un pezzetto di burro e un gocciolino d'olio, datele odore di aglio e ramerino. Aggiungete, se occorre, un gocciolo di brodo o d'acqua, oppure sugo di pomodoro e servitela in tavola con patate a tocchetti cotti nel suo intinto, e se questo non basta, aggiungete altro brodo, burro e conserva di pomodoro.

ARNIONI ALLA PARIGINA

Prendete un rognone, ossia una pietra di vitella, digrassatela, apritela e copritela d'acqua bollente. Quando l'acqua sarà diacciata, asciugatela bene con un canovaccio ed infilatela per lungo e per traverso con degli stecchi puliti onde stia aperta (a Parigi si usano spilloni di argento), conditela con grammi 30 di burro liquefatto, sale e pepe, e lasciatela così preparata per un'ora o due.

Dato che la pietra sia del peso di 600 o 700 grammi, prendete altri 30 grammi di burro ed un'acciuga grossa o due piccole, nettatele, tritatele e schiacciatele colla lama di un coltello insieme col burro e formatene una pallottola. Cuocete la pietra in gratella, ma non troppo onde resti tenera, ponetela in un vassoio, spalmatela così bollente colla pallottola di burro e d'acciuga e mandatela in tavola.

CPSIA information can be obtained
at www.ICGtesting.com
Printed in the USA
LVHW020956260521
688448LV00011B/397